THE
Archive Photographs
SERIES

CUBA

THE
Archive Photographs
SERIES

CUBA

A.M. de Quesada

ARCADIA

Published by Arcadia Publishing,
an imprint of Tempus Publishing, Inc.
2 Cumberland Street
Charleston, SC 29401

Printed in Great Britain.

Library of Congress Catalog Card Number applied for.

For all general information contact Arcadia Publishing at:
Telephone 843-853-2070
Fax 843-853-0044
E-Mail arcadia@charleston.net

For customer service and orders:
Toll-Free 1-888-313-BOOK

Visit us on the internet at http://www.arcadiaimages.com

This book is dedicated to the memory of my grandparents,
Victor Manuel Ubieta y del Cañal
and Elpidio and Hortensia de Quesada.

Este libro está dedicado a la memoria de mis abuelos,
Victor Manuel Ubieta y del Cañal
y Elpidio y Hortensia de Quesada.

CONTENTS

INTRODUCTION

The island of Cuba is the birthplace of my parents and their parents. Until recently, I've never had a chance to see the Cuba in the stories told by my great-grandmother and other family members who sought refuge in the United States during the height of the Cold War.

I remember my grandparents telling us stories while serving *bocaditos* (appetizers consisting of cut up Cuban sandwiches and other treats) and Cuban coffee at their house. Cubans are a warm and friendly people; when unannounced guests stopped by, they were alway greeted with snacks and drinks. My grandfather talked about the baseball games he participated in and stories of my mother when she was a little girl in Havana. They talked about the beaches and how beautiful the sand and water was. My grandparents also talked about their adventures with their friends and family members left behind. Sometiems a tear came at the end of these sessions, when they couldn't or wouldn't remember any more.

Growing up in Florida helped me stay in touch with my Cuban roots. I remember celebrating Three King's Day and My Saint's Day, days that were alien in the American culture. I remember my family preparing typical Cuban dishes and listening to old records of the music of their youth. These memories helped define who I was in an "alien" culture; however, I, as well as my family, did adopt some cultural traits that were different from those practiced in Cuba. One special American holiday that many Cubans enthusiastically adopted was Thanksgiving. It was probably more about the abundance of food that many Cubans took it up as part of their traditions—though sometimes one might find a roasted pig instead of a turkey and yucca instead of yams as a part of the Thanksgiving menu!

Cuba is considered by most to be the jewell of the Caribbean. This collection of early images has been gathered to show the island of Cuba in her full glory. From images of nature to city scenes, I've chosen views that attempt to capture the character of Cuba. The collection spans the years from 1898 to 1950, which marked nearly the first 50 years of Cuba as a nation born of war. I hope that you enjoy perusing through the book and that you begin to take an interest in the history, culture, and traditions of the people of Cuba.

Alejandro Manuel de Quesada
Ybor City, Florida

Introducción

Mis padres y mis abuelos nacieron en la isla de Cuba. Hasta hace poco, nunca he tenido la oportunidad de ver la Cuba de las historias de mi bisabuela y de otros miembros de familia que buscaron refugio en los Estados Unidos durante la crítica época de la Guerra Fría.

Recuerdo a mis abuelos contándonos historias mientras nos servían bocaditos y café cubano en su casa. Los cubanos son una gente amistosa y cálida; cuando recibían visitas inesperadas, éstas eran siempre agasajadas con comida y bebidas. Mi abuelo me contaba historias de cuando jugaba al béisbol y de mi madre cuando era niña en La Habana. Hablaban de las preciosas playas y de la belleza de la arena y del mar. Mis abuelos también nos contaron sus aventuras con familiares y amigos que quedaron atrás. A veces, se veía correr alguna lágrima al final de estas reuniones cuando no podían o no querían recordar más.

Crecer en Florida me ayudó a estar en contacto con mis raíces cubanas. Recuerdo celebrar el día de Los Reyes Magos y el día de mi santo, fiestas que no se celebran en la cultura estadounidense. Recuerdo a mi familia preparando platos típicos cubanos y escuchando antiguos discos de la música de su juventud. Estos recuerdos me ayudaron a definir quién era yo dentro de una cultura diferente; sin embargo, tanto mi familia como yo adoptamos muchas costumbres que no se practicaban en Cuba. Una en especial fue acogida con mucho entusiasmo por los cubanos: el día de Acción de Gracias (Thanksgiving). Esto fué probablemente debido a la abundancia de alimentos que se prepara ese día, aunque a veces el pavo y el boniato dulce se sustituyen por cochinillo asado y yuca.

Cuba es considerada por la mayoría como "La Perla del Caribe." Esta colección de imágenes antiguas ha sido recogida para presentar la isla de Cuba en todo su esplendor. Desde imágenes de su naturaleza hasta escenas de la ciudad, he elegido fotografías que intentan mostrar el carácter de Cuba. Estas imágenes cubren el período de 1898 a 1950.los primeros cincuenta años de una nación que se formó despues de una guerra. Espero que disfrute de la lectura de este libro con la esperanza de despertar su interés en la cultura, historia, y tradiciones de la gente de Cuba.

Alejandro Manuel de Quesada
Ybor de Ciudad, Florida

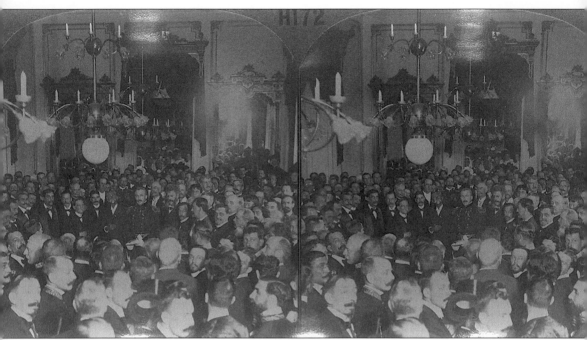

At noon on May 20, 1902, Cuba became a republic. Seen here in an old stereoview image is American governor General Leonard Wood handing over the reigns of government to the newly elected Cuban president, Máximo Gómez, amidst a sea of onlookers. (Courtesy ADEQ Historical Resources.)

En el mediodía del 20 de Mayo de 1902, Cuba se convirtió en una república. En esta antigua fotografía estereoscópica se ve al Gobernador estadounidense, elGeneral Leonard Wood pasando las riendas del gobierno al nuevo electo presidente cubano Máximo Gómez entre una multitud de espectadores. (Cortesía de ADEQ Recursos Históricos.)

One
Uno

THE NATURAL BEAUTY OF CUBA
La Belleza Natural de Cuba

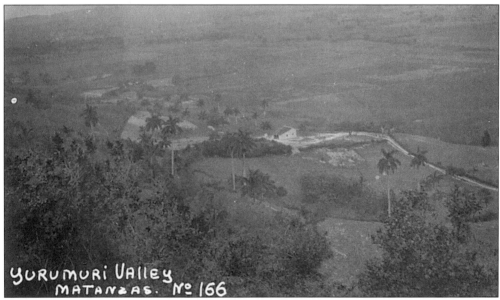

The Yumuri Valley is located in the Matanzas province. (Courtesy of the Museo del Circulo Cubano.)

El Valle del Yumuri, localizado en la provincia de Matanzas. (Cortesía del Museo del Circulo Cubano.)

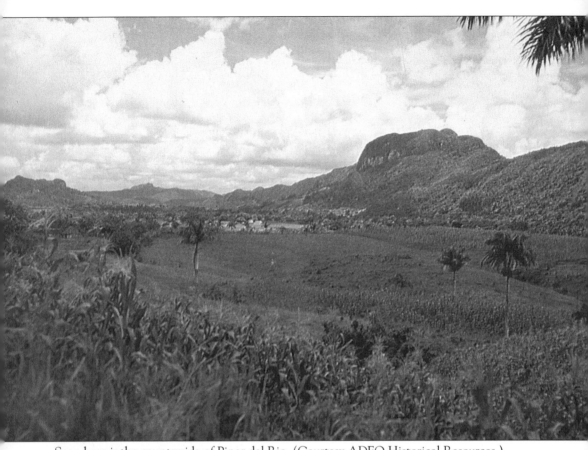

Seen here is the countryside of Pinar del Rio. (Courtesy ADEQ Historical Resources.)
El campo de Pinar del Río. (Cortesía de ADEQ Recursos Históricos.)

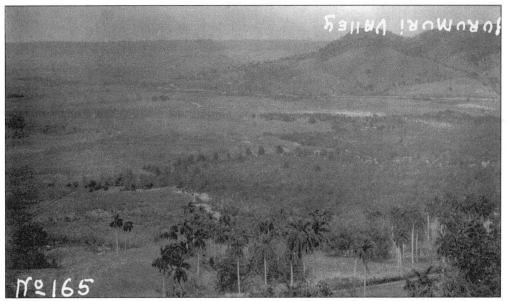

This is another view of the Yumuri Valley. (Courtesy of the Museo del Círculo Cubano.)
Otra vista del Valle del Yumuri. (Cortesía del Museo del Círculo Cubano.)

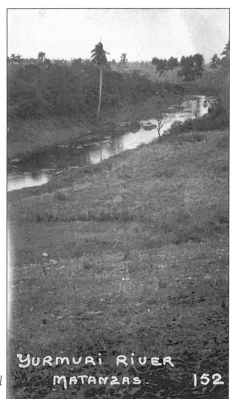

The Yumuri River is pictured here in the 1920s.
(Courtesy of the Museo del Círculo Cubano.)
El Río Yumuri, visto aquí en los años 20. (Cortesía del Museo del Círculo Cubano.)

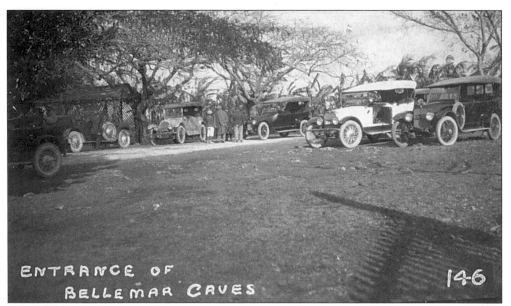

ENTRANCE OF
BELLEMAR CAVES

146

The Bellemar Caves in Matanzas were a popular tourist site in the 1920s. (Courtesy of the Museo del Círculo Cubano.)

Las Cuevas de Bellemar, en Matanzas, eran un sitio turístico popular en la década de 1920. (Cortesía del Museo del Círculo Cubano.)

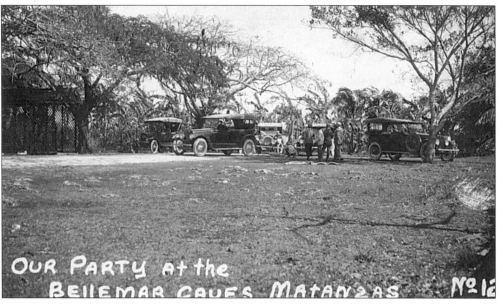

OUR PARTY AT the
BELLEMAR CAVES MATANZAS

Nº 12

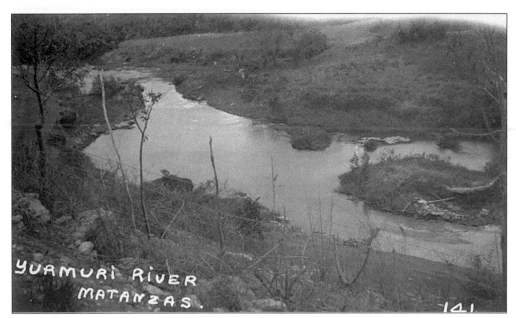

The Yurmuri River is seen from a roadside in Matanzas. (Courtesy of the Museo del Círculo Cubano.)
El Río Yurmuri visto desde la carretera en Matanzas. (Cortesía del Museo del Círculo Cubano.)

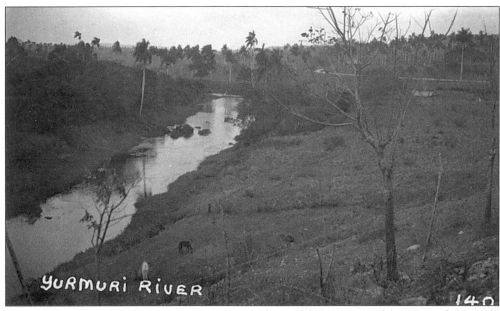

The countryside of the Matanzas province is quite beautiful. (Courtesy of the Museo del Círculo Cubano.)
El hermoso campo de la provincia de Matanzas. (Cortesía del Museo del Círculo Cubano.)

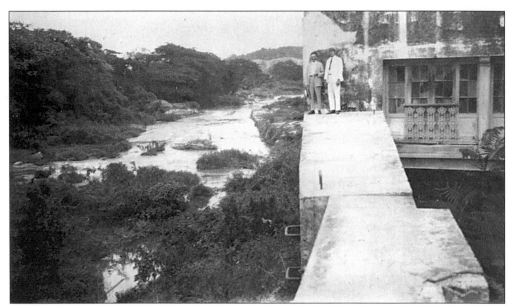

The Vento Water Works is located near the Almendares River. Pictured on the left is T.P. Stoltenberg, who served as a manager for Lykes Meat Packers in the 1920s. (Courtesy of the Museo del Círculo Cubano.)

El acueducto de Vento, localizado cerca del río Almendares. La persona a la izquierda es T.P. Stoltenberg, quien sirvió como gerente para "Lykes", empaquetadores de carne, en los años 20. (Cortesía del Museo del Círculo Cubano.)

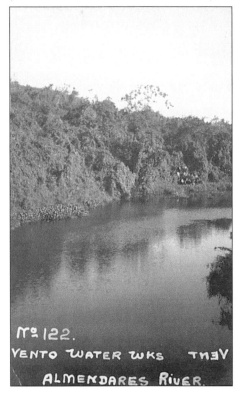

The Almendares River is seen here from the Vento Water Works. (Courtesy of the Museo del Círculo Cubano.)

El Río Almendares visto aquí desde el acueducto de Vento. (Cortesía del Museo del Círculo Cubano.)

This photo is titled simply "Tropical Gardens near Havana." (Courtesy of the Museo del Círculo Cubano.)
Esta foto se titula simplemente "Jardines Tropicales cerca de La Habana." (Cortesía del Museo del Círculo Cubano.)

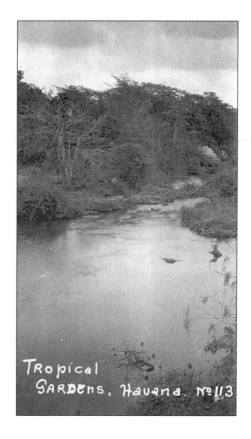

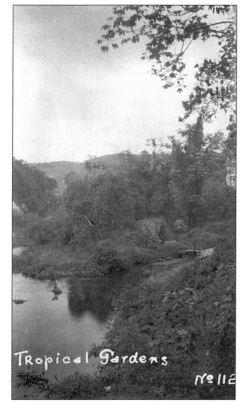

Another view of the "Tropical Gardens" is seen here. (Courtesy of the Museo del Círculo Cubano.)
Otra vista de los Jardines Tropicales. (Cortesía del Museo del Círculo Cubano.)

15

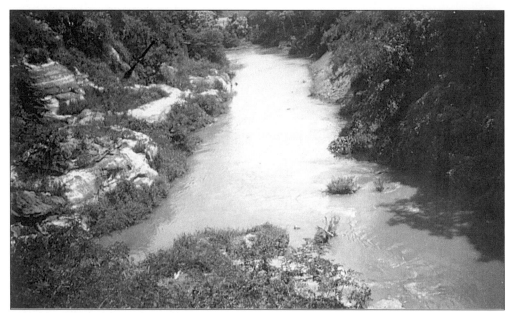

The natural beauty pictured here can be found almost anywhere in Cuba. (Courtesy of the Museo del Círculo Cubano.)

La belleza natural aquí fotografiada puede encontrarse en cualquier lugar de Cuba. (Cortesía del Museo del Círculo Cubano.)

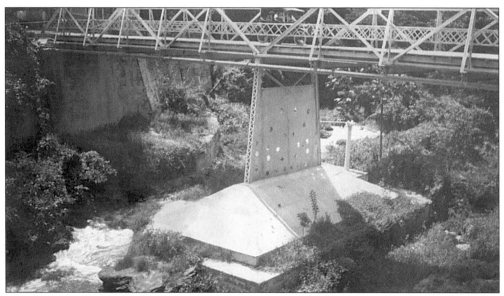

This view shows a very modern bridge over the Yumuri River as it appeared in the 1920s. (Courtesy of the Museo del Círculo Cubano.)

Esta vista muestra un puente muy moderno sobre el Río Yumuri como aparecía en los años 20. (Cortesía del Museo del Círculo Cubano.)

The "Tropical Gardens" were found along the Almendares River, where Cuban beer was made. (Courtesy of the Museo del Círculo Cubano.)
Los "Jardines Tropicales" a lo largo del Río Almendares, donde se hacía la cerveza cubana (Cortesía del Museo del Círculo Cubano.)

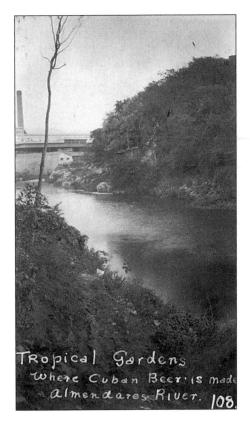

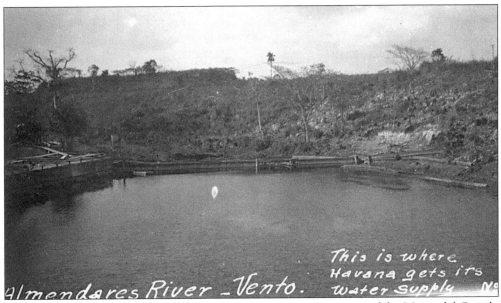

Havana drew its water supply from the Almendares River. (Courtesy of the Museo del Circulo Cubano.)
El Río Almendares era de donde Habana se abastecía de agua. (Cortesía del Museo del Circulo Cubano.)

17

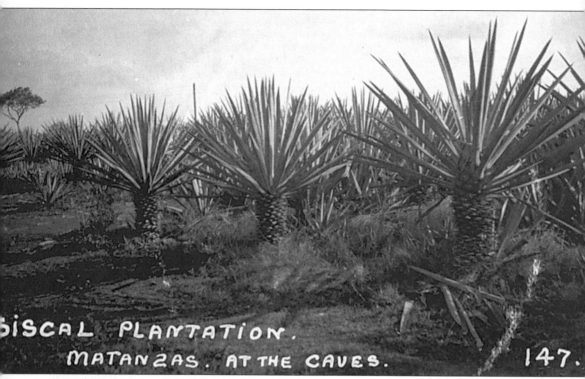

Spanish Bayonets, a type of palm tree, are found on the Siscal Plantation in Matanzas. (Courtesy of the Museo del Círculo Cubano.)

Bayonetas españolas, un tipo de palma, sobre el Siscal de Plantación en Matanzas. (Cortesía del Museo del Círculo Cubano.)

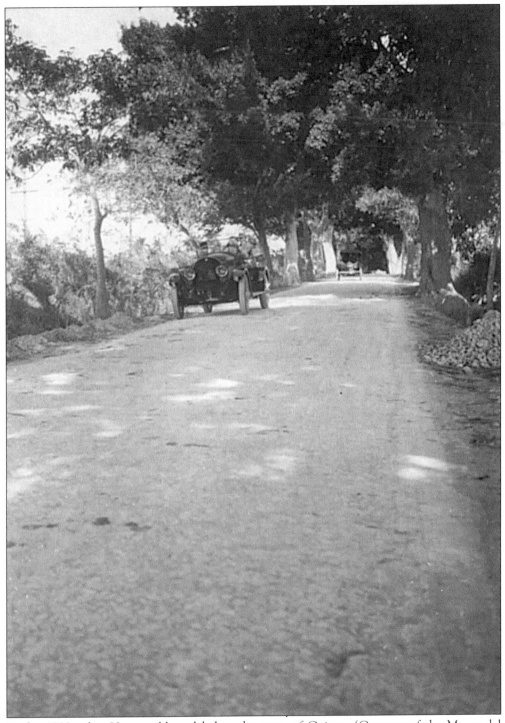

In the 1920s, this 80-year-old road led to the town of Guines. (Courtesy of the Museo del Círculo Cubano.)

En la década de 1920, este camino de 80 años, conducía al pueblo de Guines. (Cortesía del Museo del Círculo Cubano.)

Old Spanish Fort, CUBA.

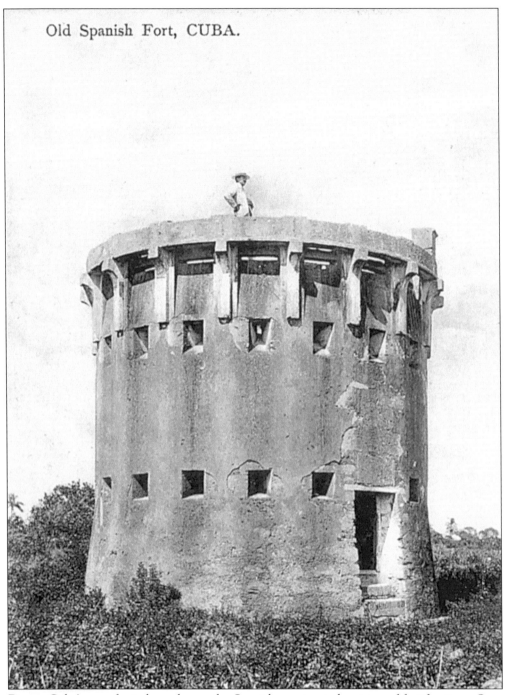

During Cuba's wars for independence, the Spanish constructed a string of fortifications. Seen here is one of the few existing forts in the early years of the Cuban republic. (Courtesy ADEQ Historical Resources.)

Durante las guerras de Cuba para la independencia, los españoles construyeron una serie de fortificaciones. He aquí uno de los pocos fuertes existentes en los primeros años de la república cubana. (Cortesía de ADEQ Recursos Históricos.)

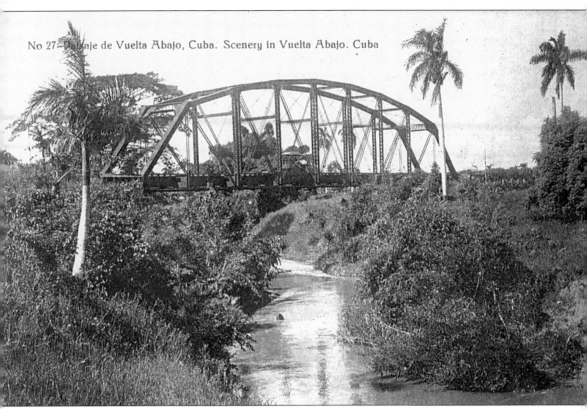

No 27 Paisaje de Vuelta Abajo, Cuba. Scenery in Vuelta Abajo. Cuba

This scenery can be found in Vuelta Abajo. (Courtesy ADEQ Historical Resources.)
Una vista de Vuelta Abajo. (Cortesía de ADEQ Recursos Históricos.)

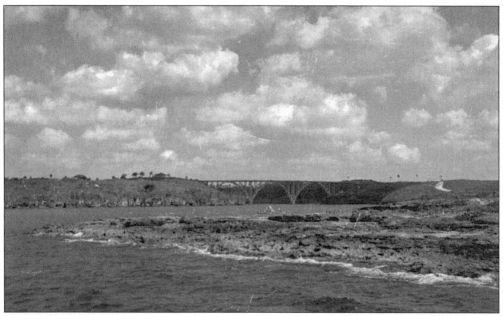

The Canimar Bridge in Matanzas is pictured here during the 1950s. (Courtesy ADEQ Historical Resources.)
El Puente de Canimar, en Matanzas, fotografiado aquí durante los 50. (Cortesía de ADEQ Recursos Históricos.)

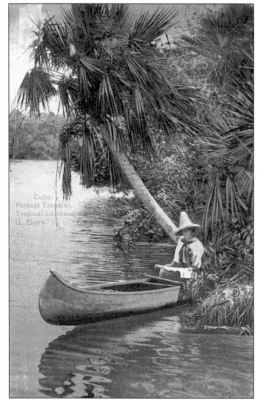

This image of the beautiful tropical landscape on the Isle of Pines was taken prior to the beginning of World War I in 1914. (Courtesy ADEQ Historical Resources.)
Un hermoso paisaje tropical en la Isla de Pinos antes de La Primera Guerra Mundial (año 1914). (Cortesía de ADEQ Recursos Históricos.)

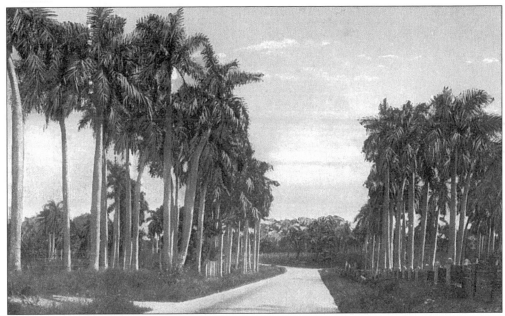

The Central Road leads into the island's capital city, Havana. (Courtesy ADEQ Historical Resources.)

La Carretera Central conduce a La Habana, capital de la isla. (Cortesía de ADEQ Recursos Históricos.)

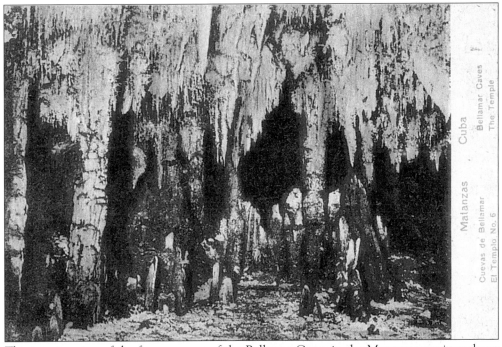

This interior view of the famous caves of the Bellamar Caves in the Matanzas province shows the area of the caves known as "The Temple." (Courtesy ADEQ Historical Resources.)

Esta es una vista del interior de las famosas cuevas de Bellemar, en la provincia de Matanzas. Esta parte de las cuevas es conocida como "El Templo". (Cortesía de ADEQ Recursos Históricos.)

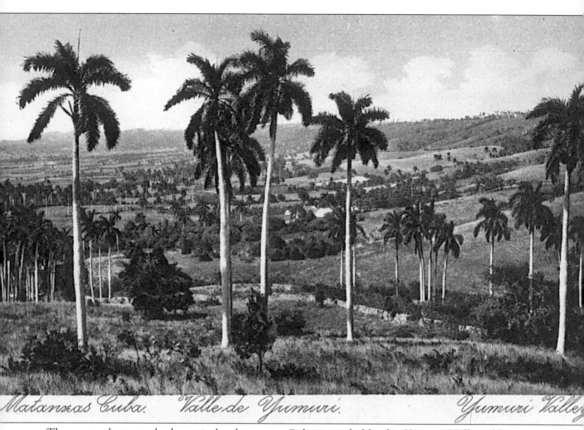

Matanzas Cuba. Valle de Yumuri. Yumuri Valley.

The most photographed scenic landscape in Cuba is probably the Yumuri Valley. (Courtesy ADEQ Historical Resources.)

Otra vista del precioso paisaje del Valle del Yumuri, probablemente el más fotografiado de Cuba. (Cortesía de ADEQ Recursos Históricos.)

Two
Dos

Cities, Towns, and Places

Ciudads, Pueblos, y Lugares

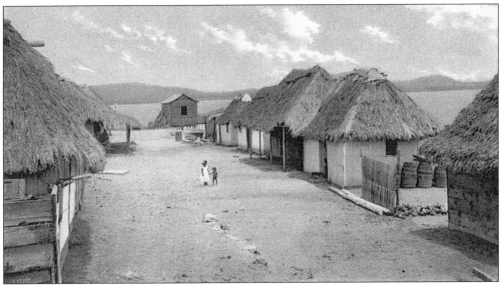

One of many typical Cuban fishing villages scattered throughout the island is shown here. (Courtesy ADEQ Historical Resources.)
Una de las típicas aldeas de pescadores cubanas dispersas a lo largo de la isla. (Cortesía de ADEQ Recursos Históricos.)

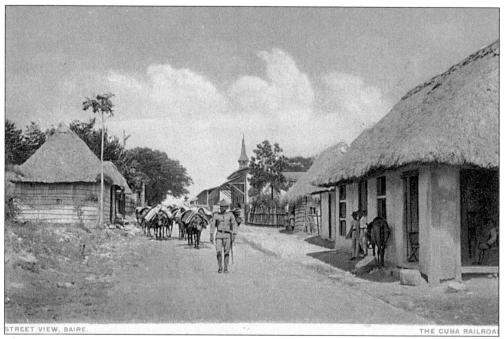

This street is located in the town of Baire. (Courtesy ADEQ Historical Resources.)
Esta calle se encuentra en el pueblo de Baire. (Cortesía de ADEQ Recursos Históricos.)

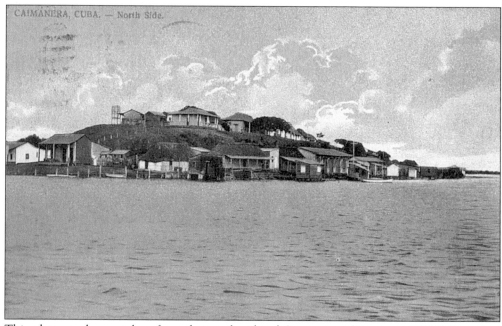

This photograph was taken from the north side of Caimanera. (Courtesy ADEQ Historical Resources.)
Esta fotografía se tomó desde el lado norte de Caimanera. (Cortesía de ADEQ Recursos Históricos.)

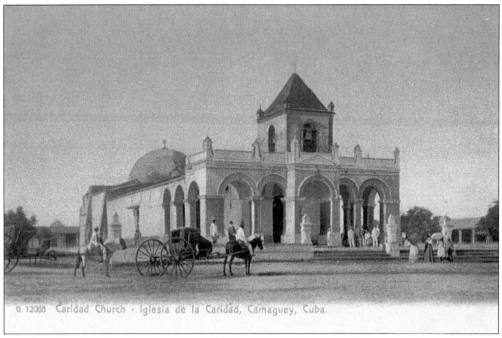

Caridad Church is found in Camaguey. (Courtesy ADEQ Historical Resources.)
Iglesia de la Caridad en Camaguey. (Cortesía de ADEQ Recursos Históricos.)

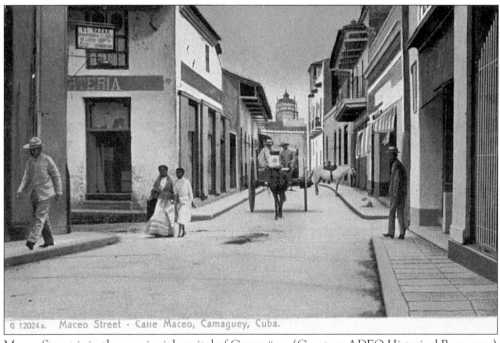

Maceo Street is in the provincial capital of Camagüey. (Courtesy ADEQ Historical Resources)
La calle Maceo situada en la capital de la provincia de Camagüey. (Cortesía de ADEQ Recursos Históricos.)

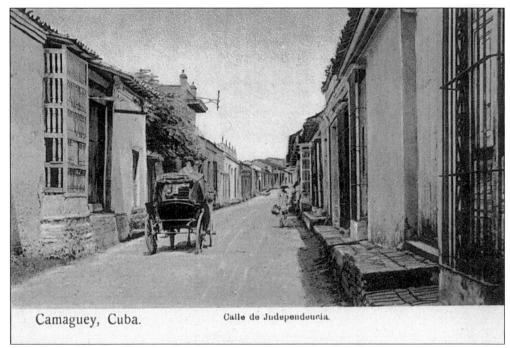

Camaguey, Cuba.   Calle de Independencia.

Independence Street is another roadway in Camagüey. (Courtesy ADEQ Historical Resources.)
La Calle de Independencia en Camagüey. (Cortesía de ADEQ Recursos Históricos.)

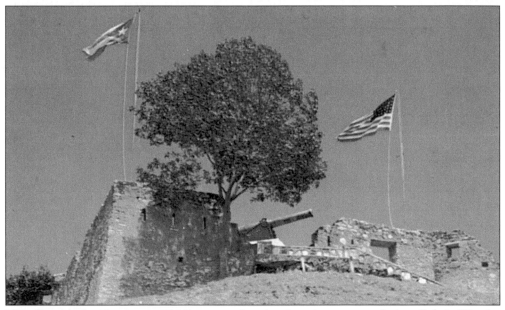

This Spanish fortification at El Viso was taken by American troops during Cuba's War for Independence (1895–98). In the United States, the same war is known as the Spanish-American War. (Courtesy ADEQ Historical Resources.)
Esta fortificación española en El Viso fué tomada por las tropas estadounidenses durante la Guerra de Independencia (1895–98). En los Estados Unidos, esta guerra es conocida como la Guerra Hispanoamericana (1898). (Cortesía de ADEQ Recursos Históricos.)

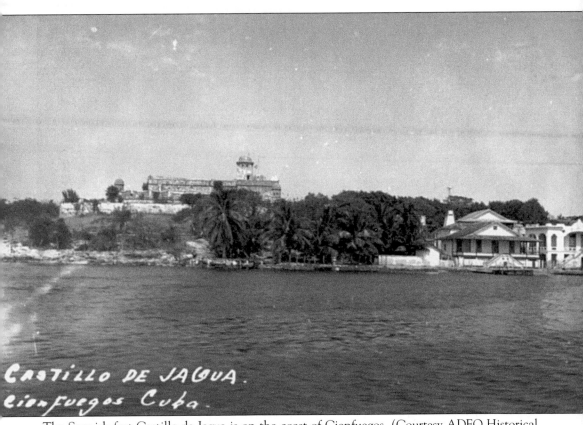

The Spanish fort Castillo de Jagua is on the coast of Cienfuegos. (Courtesy ADEQ Historical Resources.)

El castillo español, Castillo de Jagua, localizado sobre la costa de Cienfuegos. (Cortesía de ADEQ Recursos Históricos.)

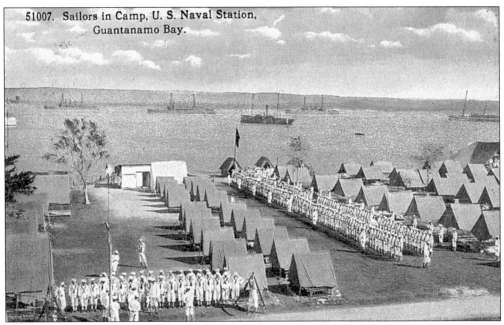

51007. Sailors in Camp, U. S. Naval Station, Guantanamo Bay.

Sailors are encamped at the U.S. Naval Station in Guantánamo Bay. After the end of the war and the end of the American occupation of the island, Cuba became a republic in 1902. However, the Americans arranged that the harborage of Guantanamo Bay be leased to the U.S. Navy for at least a century. (Courtesy ADEQ Historical Resources.)

Marineros acampados en la base naval estadounidense de la Bahía de Guantánamo . En 1902, al terminar la guerra y al llegar el fin de la ocupación estadounidense de la isla, Cuba se convertió en una república. Sin embargo, el puerto de La Bahía de Guantánamo fué arrendado a la Marina de Los Estados Unidos al menos durante un siglo. (Cortesía de ADEQ Recursos Históricos.)

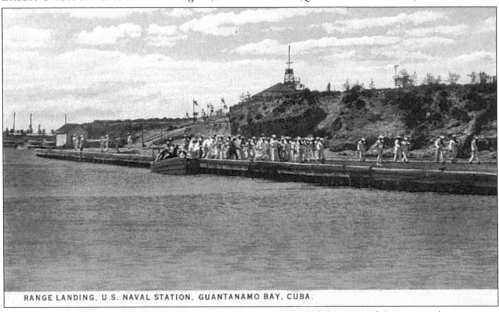

RANGE LANDING, U.S. NAVAL STATION, GUANTANAMO BAY, CUBA.

This is a range landing at the naval station. (Courtesy ADEQ Historical Resources.)

Muelle de desembarco en la estación naval. (Cortesía de ADEQ Recursos Históricos.)

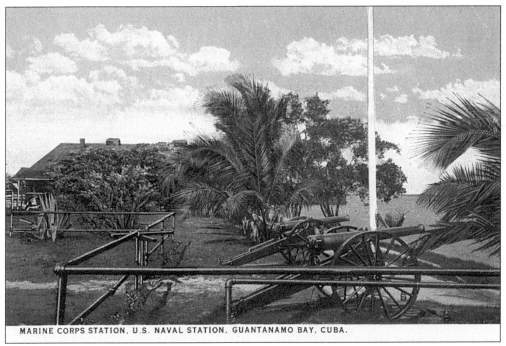

MARINE CORPS STATION, U.S. NAVAL STATION, GUANTANAMO BAY, CUBA.

The U.S. Marine Corps barracks complex at the naval station in Guantanamo Bay is pictured here. (Courtesy ADEQ Historical Resources.)
El complejo de los cuarteles del Cuerpo de la Marina estadounidense en la base naval de Guantánamo aparece aquí fotografiado. (Cortesía de ADEQ Recursos Históricos.)

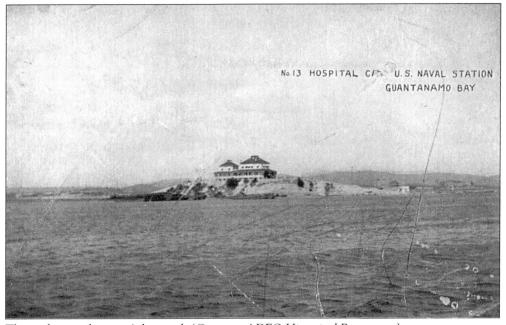

No. 13 HOSPITAL C/... U.S. NAVAL STATION GUANTANAMO BAY

This is the naval station's hospital. (Courtesy ADEQ Historical Resources.)
Este es el hospital de la base naval. (Cortesía de ADEQ Recursos Históricos.)

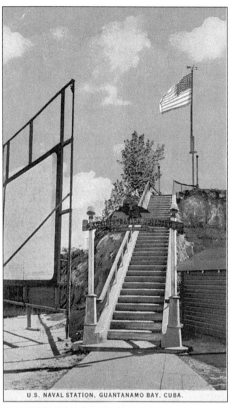

U.S. NAVAL STATION, GUANTANAMO BAY, CUBA.

This entrance leads into the officers' quarters and administration area of the U.S. Naval Station. (Courtesy ADEQ Historical Resources.)

Esta entrada conduce a la sección de Administración y a los cuarteles de la base naval estadounidense. (Cortesía de ADEQ Recursos Históricos.)

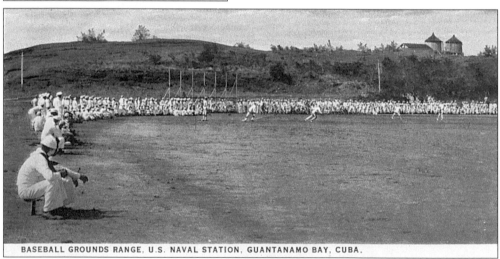

BASEBALL GROUNDS RANGE, U.S. NAVAL STATION, GUANTANAMO BAY, CUBA.

In the years since the War of 1895, Cuba's source of influence shifted from Spain to the United States. Baseball has been a major American influence on Cuban culture and is still present to this day. Seen here are American sailors playing the game at the naval station in Guantanamo Bay. (Courtesy ADEQ Historical Resources.)

Desde la Guerra de 1895, Cuba sustituyó las influencias españolas por las norteamericanas. El béisbol ha sido una de las mayores influencias americanas en la cultura cubana y todavía perdura. Aquí se puede ver a los marineros estadounidenses jugando al béisbol en la Base Naval de Guantánamo. (Cortesía de ADEQ Recursos Históricos.)

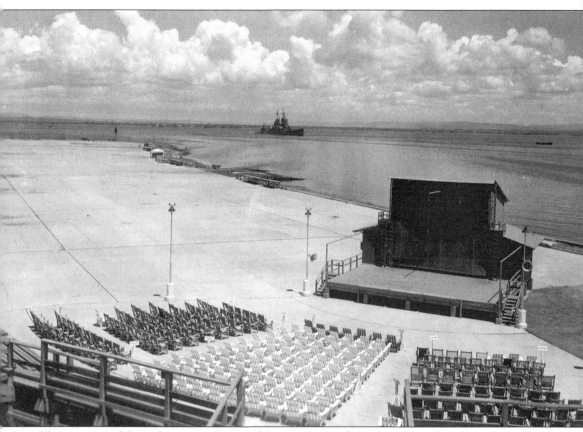

This was one of three theaters at the naval station during the early 1950s. The white chairs are for the officers while the other chairs are for guests and lower-ranking servicemembers. (Courtesy ADEQ Historical Resources.)

Este fué uno de tres teatros en la Base Naval durante los primeros años de la década de 1950. Las sillas blancas son para los oficiales mientras que las otras son para los invitados y para miembros de menor rango. (Cortesía de ADEQ Recursos Históricos.)

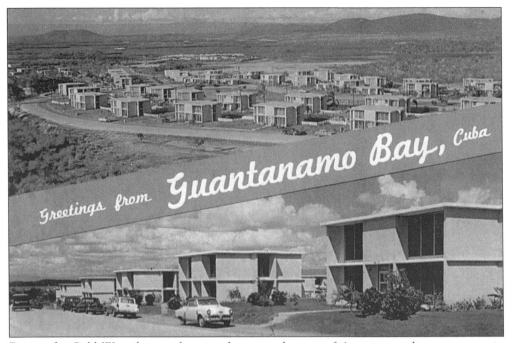

During the Cold War, the naval station became a bastion of American military presence in Fidel Castro's revolutionary Cuba. (Courtesy ADEQ Historical Resources.)
Durante la Guerra Fría, la base naval llegó a ser un bastión de la presencia militar estadounidense en la Cuba revolucionaria de Fidel Castro (Cortesía de ADEQ Recursos Históricos.)

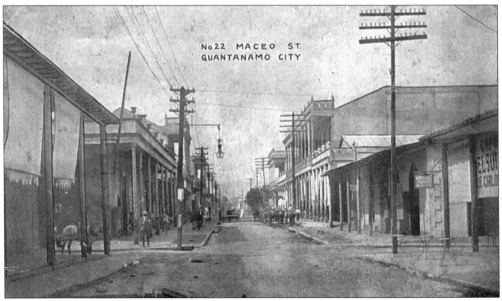

The nearby town of Guantanamo provided civilian employees for the naval station in the years before the Cold War. Seen here is Maceo Street. (Courtesy ADEQ Historical Resources.)
El pueblo cercano de Guantanamo proveyó empleados civiles para la base naval en los años anteriores a la Guerra Fría. He aquí la calle Maceo. (Cortesía de ADEQ Recursos Históricos.)

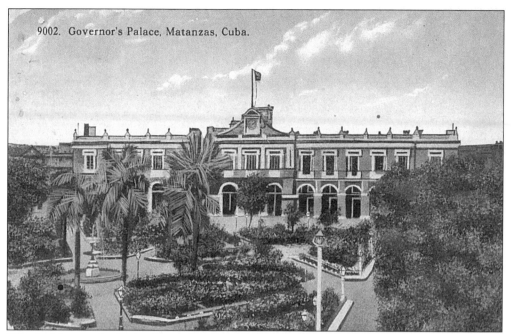

9002. Governor's Palace, Matanzas, Cuba.

This building with the landscaped gardens is the Governor's Palace in Matanzas. (Courtesy ADEQ Historical Resources.)
Palacio del Gobernador, Matanzas. (Cortesía de ADEQ Recursos Históricos.)

Docks and Warehouses, Matanzas, Cuba

Matanzas's docks and warehouses are pictured here. (Courtesy ADEQ Historical Resources.)
Muelles y almacenes de Matanzas. (Cortesía de ADEQ Recursos Históricos.)

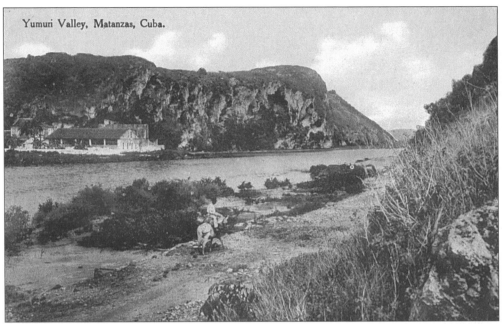

Yumuri Valley, Matanzas, Cuba.

The Yumuri Valley is found in the province of Matanzas. (Courtesy ADEQ Historical Resources.)
El Valle del Yumuri en la provincia de Matanzas. (Cortesía de ADEQ Recursos Históricos.)

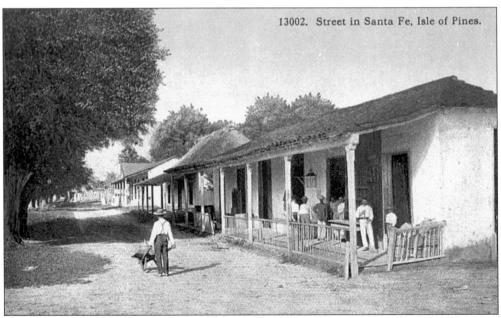

13002. Street in Santa Fe, Isle of Pines.

Santa Fé is located on the Isle of Pines. (Courtesy ADEQ Historical Resources.)
Santa Fé se encuentra en la Isla de Pinos. (Cortesía de ADEQ Recursos Históricos.)

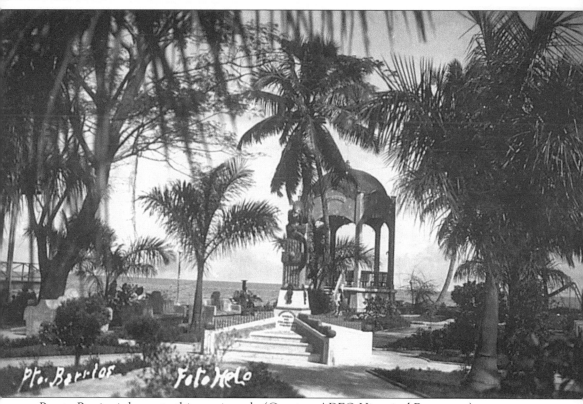

Puerto Barrios is home to this scenic park. (Courtesy ADEQ Historical Resources.)
Un hermoso parque en Puerto Barrios. (Cortesía de ADEQ Recursos Históricos.)

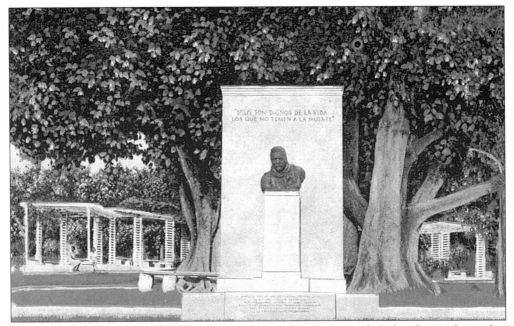

A memorial to U.S. president Theodore "Teddy" Roosevelt of Rough Riders fame is located at the Reparto de Vista Alegre in Santiago. (Courtesy ADEQ Historical Resources.)

Este monumento a la memoria del presidente estadounidense Theodore "Teddy" Roosevelt, famoso por su asociación con los Rough Riders, está situado en el Reparto de Vista Alegre en Santiago. (Cortesía de ADEQ Recursos Históricos.)

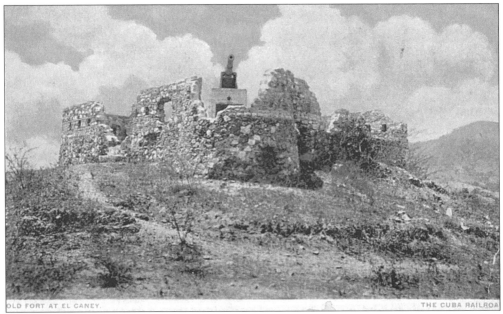

U.S. forces first engaged the enemy during the Spanish-American War at this old Spanish fort in El Caney. (Courtesy ADEQ Historical Resources.)

El antiguo fuerte español en El Caney donde las fuerzas estadounidenses combatieron al enemigo por primera vez durante la Guerra Hispanoamericana. (Cortesía de ADEQ Recursos Históricos.)

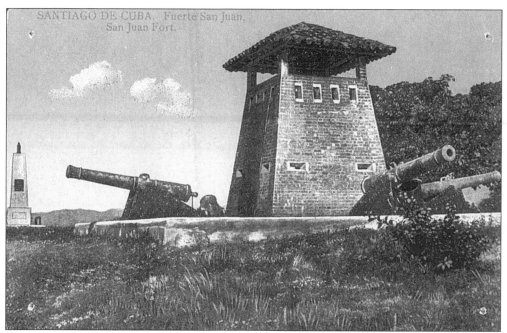

This fortified Spanish position rests in the heights of Santiago de Cuba. (Courtesy ADEQ Historical Resources.)
Una posición fortificada española en las cumbres de Santiago de Cuba. (Cortesía de ADEQ Recursos Históricos.)

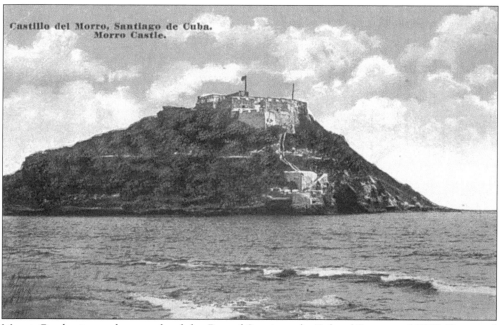

Morro Castle sits at the mouth of the Bay of Santiago de Cuba. (Courtesy ADEQ Historical Resources.)
El Castillo del Morro en la desembocadura de la Bahía de Santiago de Cuba. (Cortesía de ADEQ Recursos Históricos.)

No. 38.
rbol de la Paz.
Peace tree.

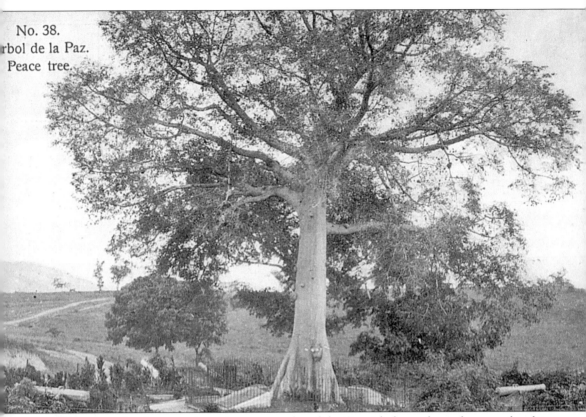

This tree marks the spot where the commander of the Spanish forces formerly surrendered to American general William Shafter during the siege of Santiago de Cuba. (Courtesy ADEQ Historical Resources.)

En este árbol, el comandante de las fuerzas españolas se rindió al general estadounidense William General Shafter durante el asedio de Santiago de Cuba. (Cortesía de ADEQ Recursos Históricos.)

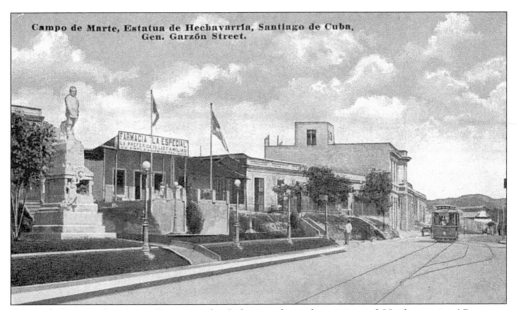

Campo de Marte, Estatua de Hechavarría, Santiago de Cuba,
Gen. Garzón Street.

General Garzón Street in Santiago de Cuba is adorned a statue of Hechavarría. (Courtesy ADEQ Historical Resources.)
Calle General Garzón con la estatua de Hechavarría en Santiago de Cuba. (Cortesía de ADEQ Recursos Históricos.)

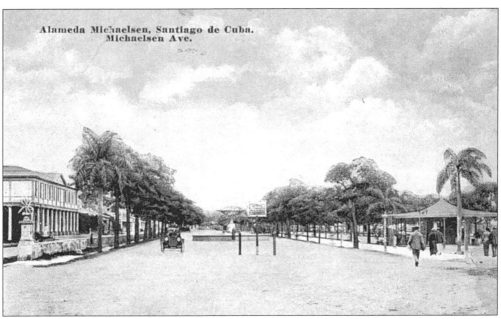

Alameda Michaelsen, Santiago de Cuba.
Michaelsen Ave.

Michaelson Avenue in Santiago de Cuba is seen here in the years before World War I. (Courtesy ADEQ Historical Resources.)
Una escena de la Avenida Michaelsen en Santiago de Cuba en los años anteriores a la Primera Guerra Mundial. (Cortesía de ADEQ Recursos Históricos.)

41

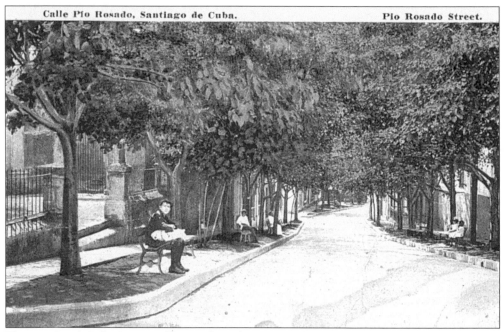

The tree-lined Calle Pío Rosado runs through Santiago de Cuba. (Courtesy ADEQ Historical Resources.)
Calle Pío Rosado con sus hileras de árboles en Santiago de Cuba. (Cortesía de ADEQ Recursos Históricos.)

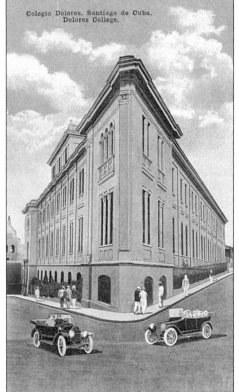

Colegio Dolores, Santiago de Cuba.
Dolores College.

Dolores College stands proudly on a corner in Santiago de Cuba. (Courtesy ADEQ Historical Resources.)
El imponente "Colegio de Dolores" en Santiago de Cuba. (Cortesía de ADEQ Recursos Históricos.)

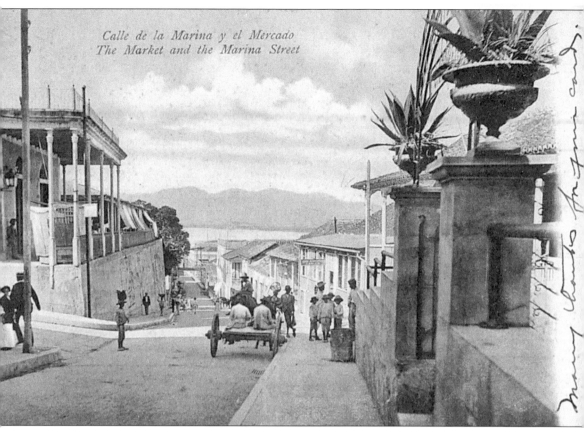

Calle de la Marina y el Mercado
The Market and the Marina Street

This 1910 postcard shows Santiago de Cuba's Market and Marina Streets with the bay in the distance. (Courtesy ADEQ Historical Resources.)
Esta postal de 1910 muestra las calles del mercado de Santiago de Cuba y de la Marina con la bahía a lo lejos. (Cortesía de ADEQ Recursos Históricos.)

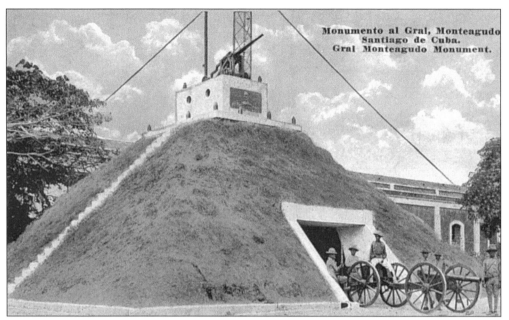

Located in the old fortress overlooking Santiago de Cuba is the Gral Monteagudo Monument. (Courtesy ADEQ Historical Resources.)
Ubicado en la antigua fortaleza mirando hacia Santiago de Cuba se encuentra el monumento al Gral Monteagudo. (Cortesía de ADEQ Recursos Históricos.)

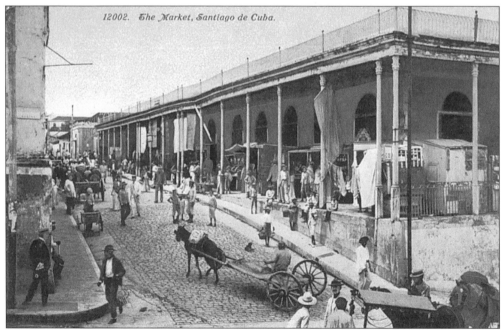

This turn-of-the-20th-century postcard depicts the busy market in Santiago de Cuba.
Mercado en Santiago de Cuba. Principios del siglo XX (Cortesía de ADEQ Recursos Históricos.)

Three
Tres

THE PEOPLE: FAMILY, WORK, AND LEISURE
La Gente: Famila, Trabajo, y Ocio

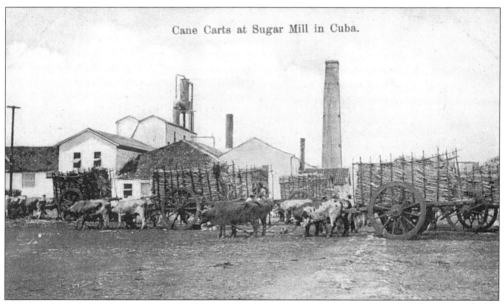

Cane Carts at Sugar Mill in Cuba.

Sugar was one of Cuba's main crops. Seen here are cane carts at a sugar mill. (Courtesy ADEQ Historical Resources.)
El azúcar era uno de los cultivos principales de Cuba. Aquí se ven carretas con las cañas en una fábrica de azúcar. (Cortesía de ADEQ Recursos Históricos.)

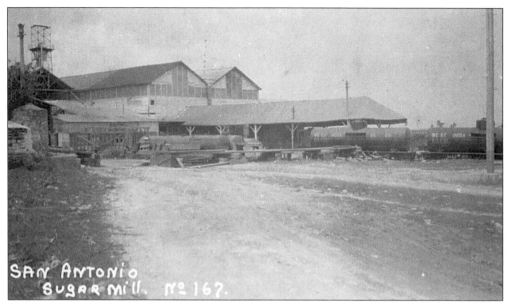

The San Antonio Sugar Mill near Matanzas is one of many mills scattered across the island of Cuba. (Courtesy of the Museo del Círculo Cubano.)

La fábrica de azúcar de San Antonio cerca de Matanzas, una de las muchas que se encuentran dispersas a lo largo de la isla de Cuba. (Cortesía del Museo del Círculo Cubano.)

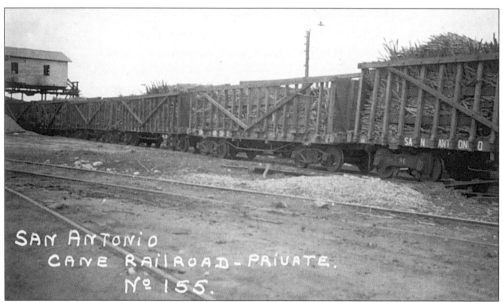

Many sugar mills maintained their own railroads. This is a close-up view of railcars bringing in raw sugar cane. (Courtesy of the Museo del Circulo Cubano.)

Vagones llevando cañas de azúcar. Muchas de las fábricas de azúcar mantenían su ferrocarril propio(Cortesía del Museo del Circulo Cubano.)

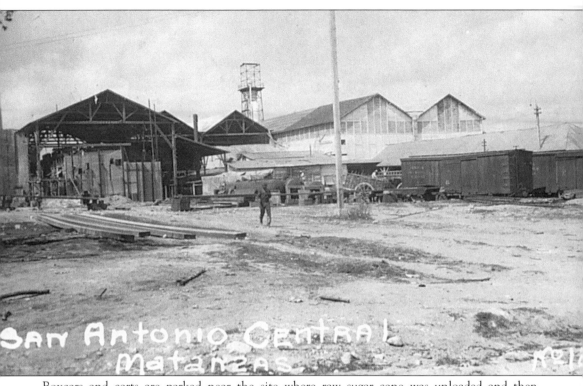

Boxcars and carts are parked near the site where raw sugar cane was unloaded and then processed. (Courtesy of the Museo del Círculo Cubano.)

Furgones y carretas estacionadas cerca del lugar donde se descargan las cañas de azúcar crudas para ser transformadas. (Cortesía del Museo del Círculo Cubano.)

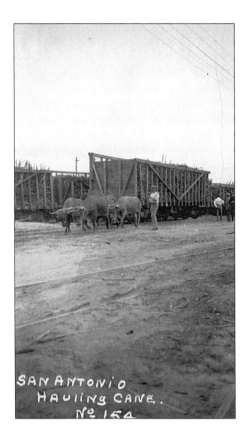

Raw cane is shown here in the process of being unloaded. Note the oxen. (Courtesy of the Museo del Círculo Cubano.)
Descarga de cañas crudas. Obsérvese el uso de bueyes. (Cortesía del Museo del Círculo Cubano.)

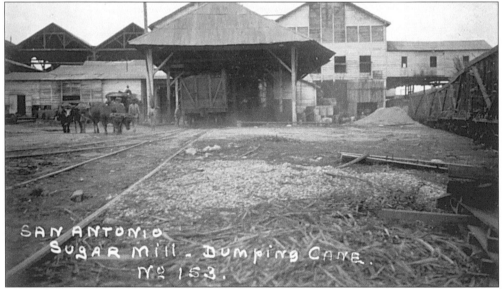

Cane is being dumped at the entrance to the mill. (Courtesy of the Museo del Círculo Cubano.)
Descargando las cañas a la entrada de la fábrica. (Cortesía del Museo del Círculo Cubano.)

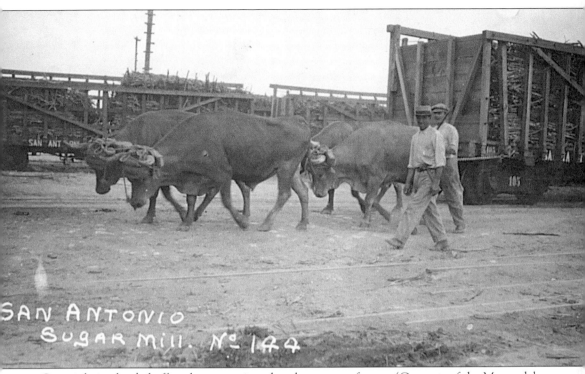

Cane is being hauled off to the processing plant by a team of oxen. (Courtesy of the Museo del Circulo Cubano.)

Las cañas se transportan hacia la planta procesadora por una yunta de bueyes. (Cortesía del Museo del Circulo Cubano.)

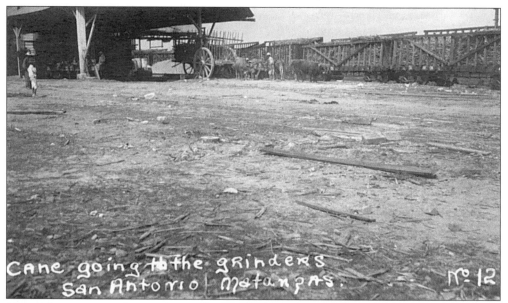

Cane is being sent to the grinders at the San Antonio Sugar Mill. (Courtesy of the Museo del Círculo Cubano.)

Las cañas que van a los moledores en la fábrica de azúcar de San Antonio. (Cortesía del Museo del Círculo Cubano.)

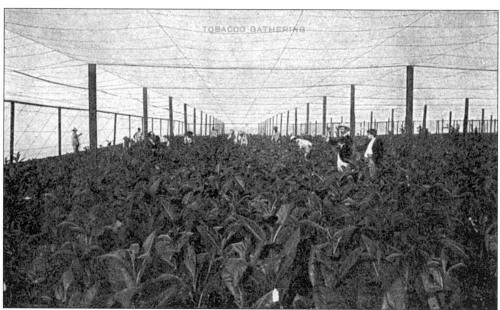

Next to sugar, Cuba is also recognized for its famous cigars. Here, tobacco is in the process of being gathered. (Courtesy ADEQ Historical Resources.)

Junto al azúcar, Cuba se conoce también por sus famosos puros. He aquí, el proceso de recogida del tabaco. (Cortesía de ADEQ Recursos Históricos.)

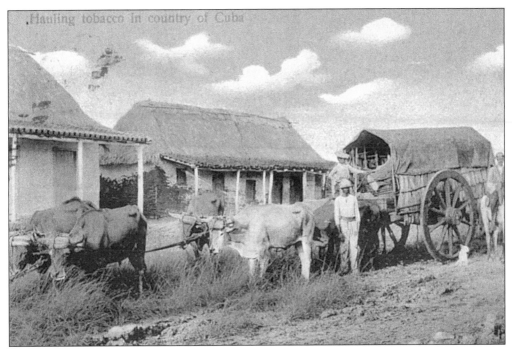

Oxen and a cart are again utilized in the hauling of tobacco in this turn-of-the-20th-century scene. (Courtesy ADEQ Historical Resources.)

Los bueyes y una carreta se utilizan nuevamente para la recogida del tabaco. Principios del sigloXX (Cortesía de ADEQ Recursos Históricos.)

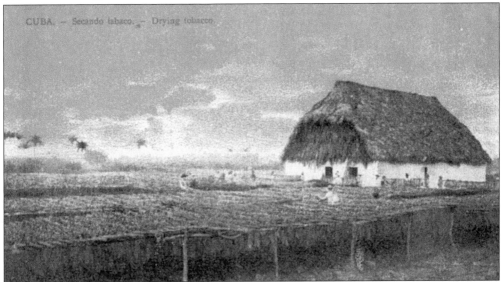

Tobacco had to be dried before being sent off to a cigar factory. Note the tobacco barn in the distance, where tobacco could be stored before or after the drying process. (Courtesy ADEQ Historical Resources.)

Las hojas de tabaco se tienen que secar antes de enviarlas a la fábrica de tabaco.Fíjese en la casa de tabaco donde éste puede ser almacenado antes o después del proceso de secado. (Cortesía de ADEQ Recursos Históricos.)

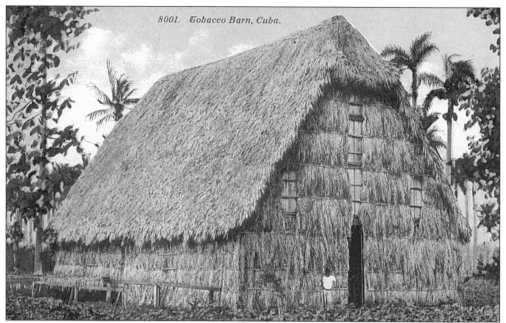

8001. Tobacco Barn, Cuba.

This is another view of a tobacco barn. (Courtesy ADEQ Historical Resources.)
Otra vista de una casa de tabaco. (Cortesía de ADEQ Recursos Históricos.)

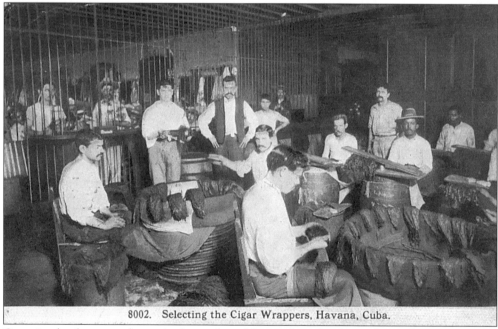

8002. Selecting the Cigar Wrappers, Havana, Cuba.

Once in the factory, tobacco is then selected by workers for the making of cigar wrappers.
(Courtesy ADEQ Historical Resources.)
Una vez en la fábrica, el tabaco es seleccionado por los trabajadores para la elaboración de las envolturas de los puros. (Cortesía de ADEQ Recursos Históricos.)

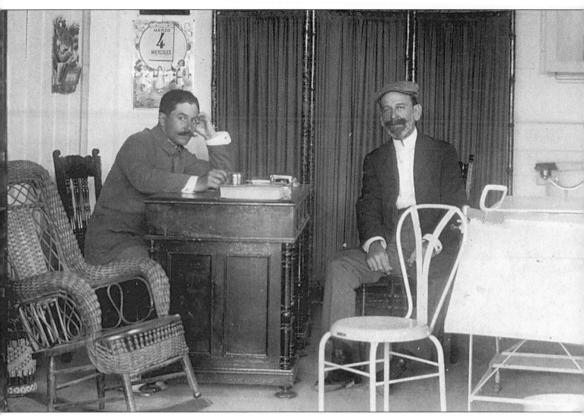

Doctor Melchor Ruíz Pipeau is pictured here in his Havana office in 1914 with his first patient. (Courtesy ADEQ Historical Resources.)

El Doctor Melchor Ruíz Pipeau con su primer paciente. La foto se tomó en su oficina de La Habana en 1914. (Cortesía de ADEQ Recursos Históricos.)

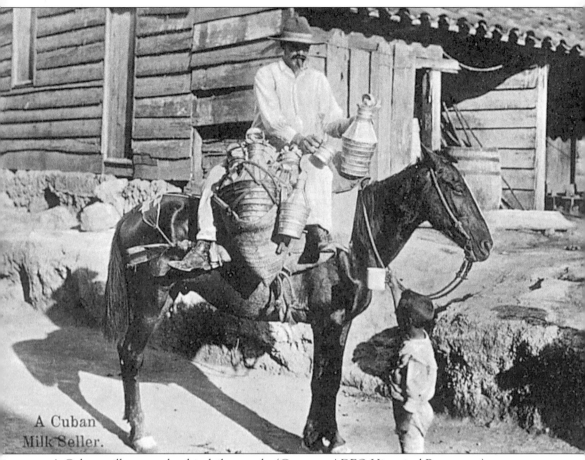

A Cuban milkman makes his daily rounds. (Courtesy ADEQ Historical Resources.)
Un lechero cubano hace el reparto diario. (Cortesía de ADEQ Recursos Históricos.)

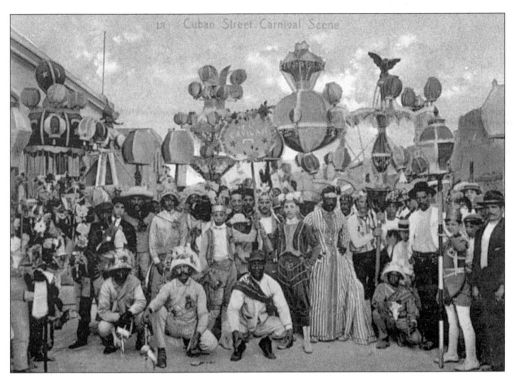

A carnival scene takes place in a Cuban street at the turn of the 20th century. (Courtesy ADEQ Historical Resources.)
Una escena de carnaval en una calle cubana a principios del siglo XX. (Cortesía de ADEQ Recursos Históricos.)

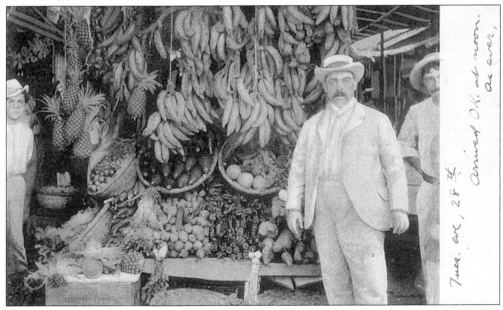

Vendors sell fruits and vegetables in an open market. (Courtesy ADEQ Historical Resources.)
Los comerciantes venden frutas y verduras en un mercado al aire libre. (Cortesía de ADEQ Recursos Históricos.)

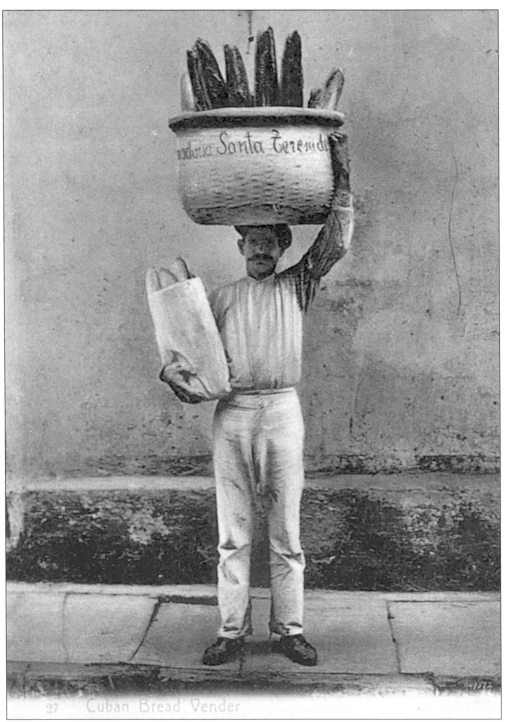

27 Cuban Bread Vender

A Cuban bread vendor sells his wares at the turn of the 20th century. (Courtesy ADEQ
Historical Resources.)
*Un vendedor de pan cubano vende su mercancía a principios del siglo XX. (Cortesía de ADEQ
Recursos Históricos.)*

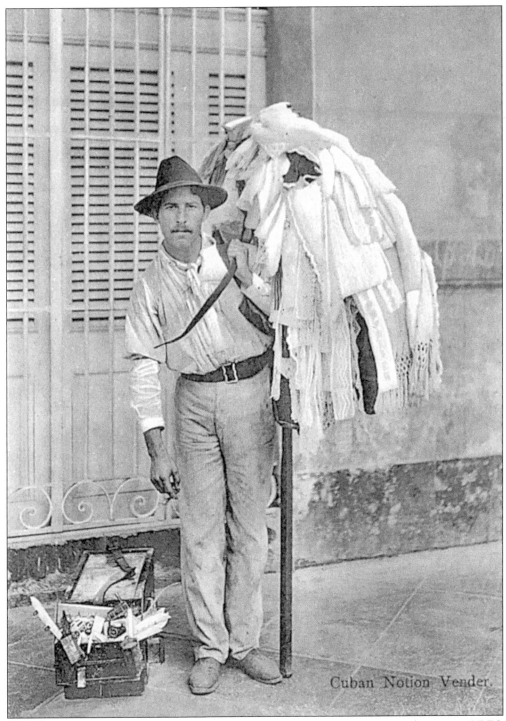

Cuban Notion Vender.

The Cuban notions vendor pictured here specialized in a variety of items. (Courtesy ADEQ Historical Resources.)
El vendedor cubano de artículos de mercería especializado en una variedad de artículos. (Cortesía de ADEQ Recursos Históricos.)

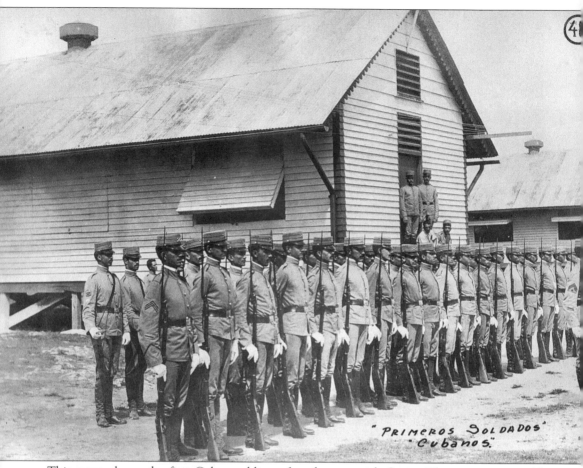

This scene shows the first Cuban soldiers after the war with Spain. The weapons are old Spanish Remington "Rolling Block" rifles and the uniforms are American influenced. (Courtesy ADEQ Historical Resources.)

Esta escena muestra a los primeros soldados cubanos después de la guerra con España. Las armas son antiguos rifles españoles Remington "Rolling Block" y los uniformes están inspirados en el estilo americano. (Cortesía de ADEQ Recursos Históricos.)

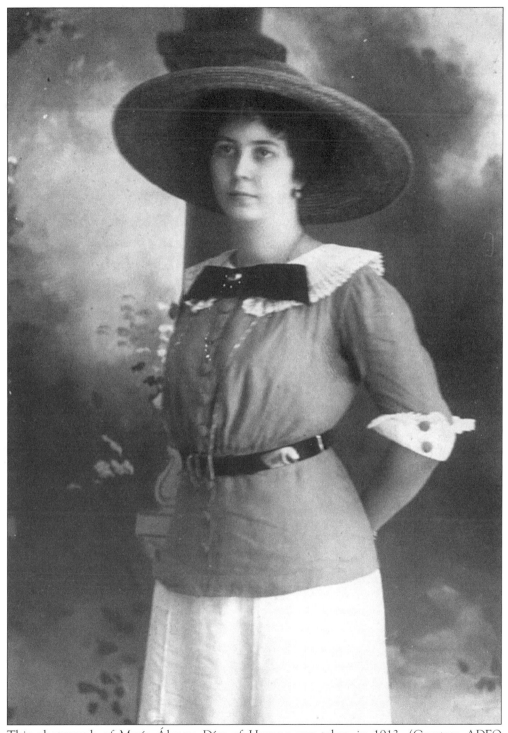

This photograph of María Álvarez Díaz of Havana was taken in 1913. (Courtesy ADEQ Historical Resources.)

Una fotografía de María Álvarez Díaz de La Habana tomada en 1913. (Cortesía de ADEQ Recursos Históricos.)

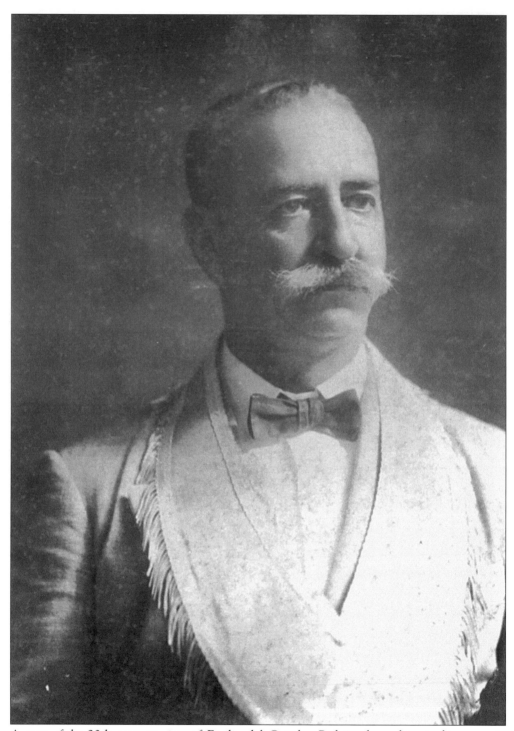

A turn-of-the-20th-century view of Emilio del Cañal y Padrón shows him in his masonic regalia, Pinar del Río. (Courtesy ADEQ Historical Resources.)
Emilio del Cañal y Padrón con sus insignias masónicas, Pinar del Río. Principios del siglo XX (Cortesía de ADEQ Recursos Históricos.)

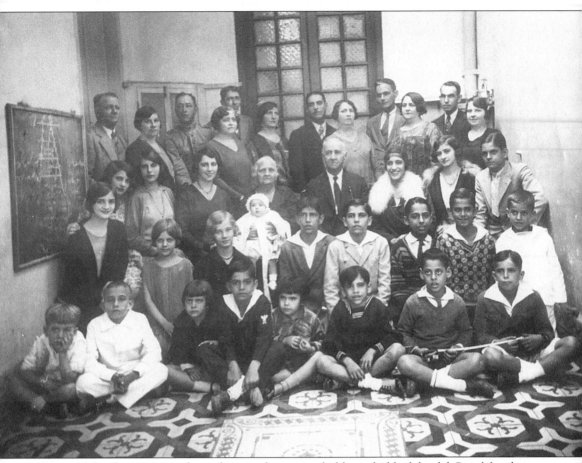

A typical family reunion is shown here in the patriarchal household of the del Cañal family in Pinar del Río, c. 1930. (Courtesy ADEQ Historical Resources.)

Una típica reunión de familia en el hogar patriarcal de la familia Cañal en Pinar del Río en la época de 1930. (Cortesía de ADEQ Recursos Históricos.)

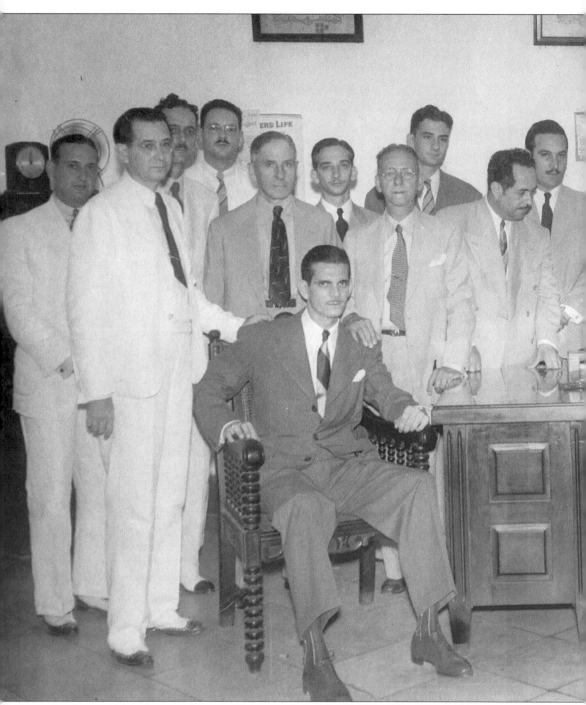

In this *c.* 1944 photograph, a wedding is taking place in a civil office in Havana. A civil wedding was required before couples could be formally married in a church. The engaged pair (seated) are Victor Manuel Ubieta and Margarita Ruíz Alvarez, this author's grandparents. (Courtesy ADEQ Historical Resources.)

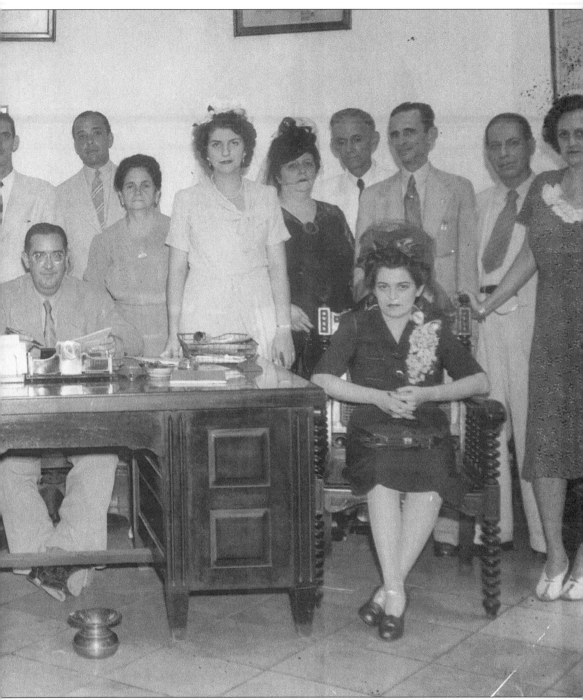

Una boda en una oficina civil en La Habana en la época de 1944. Una boda civil se requería antes de casarse formalmente en una iglesia. La pareja comprometida (sentada) son Víctor Manuel Ubieta y Margarita Ruíz Alvarez, los abuelos del autor. (Cortesía de ADEQ Recursos Históricos.)

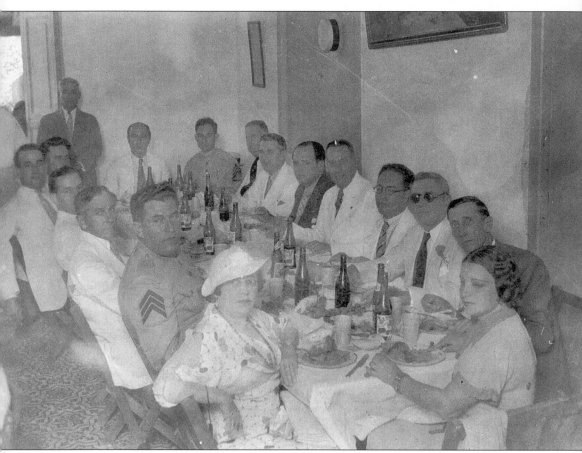

Family and friends enjoy conversation and a good meal. (Courtesy ADEQ Historical Resources.)

Una reunión típica de familia y amigos conversando durante un buen almuerzo. (Cortesía de ADEQ Recursos Históricos.)

Four
Cuatro

THE OLD HAVANA
La Habana Vieja

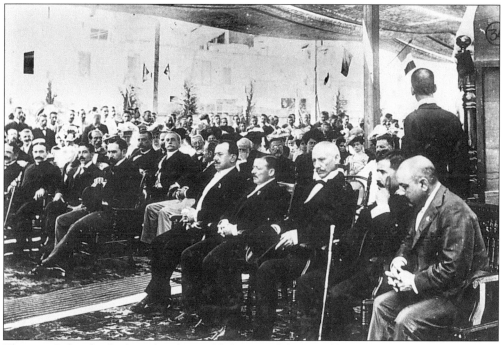

The new Cuban leadership after the establishment of the Republic is pictured here and includes such notables as Carlos Manuel de Céspedes, Juan Ramon O'Farril, Emilio Nuñez, and Ruis Rivera. (Courtesy of Dr. and Mrs. Martinez-Monfort.)
El nuevo liderazgo cubano después del establecimiento de la República. Personalidades notables aparecen en la fotografía como Carlos Manuel de Céspedes, Juan Ramon O Farril, Emilio Nuñez, y Ruis Rivera. (Cortesía del Dr.y la Sra. Martínez-Monfort.)

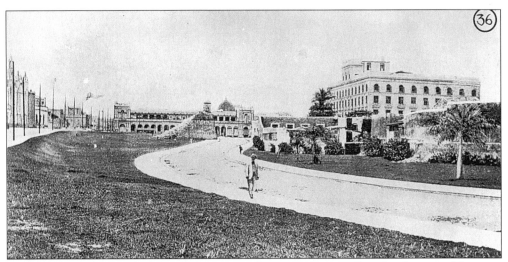

In this picture of Avenida de Las Palmas, note the ancient city wall in the distance. (Courtesy of Dr. and Mrs. Martinez-Monfort.)
Avenida de Las Palmas.Véase la antigua muralla a lo lejos. (Cortesía del Dr. y Sra. Martínez-Monfort.)

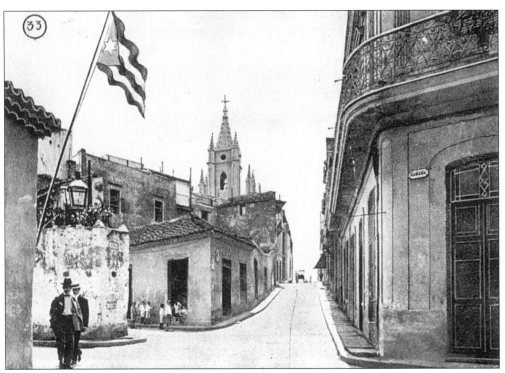

This street in Havana shows some typical Spanish Colonial architecture. (Courtesy of Dr. and Mrs. Martinez-Monfort.)
Una calle en La Habana que muestra la típica arquitectura colonial española. (Cortesía del Dr. y la Sra. Martínez-Monfort.)

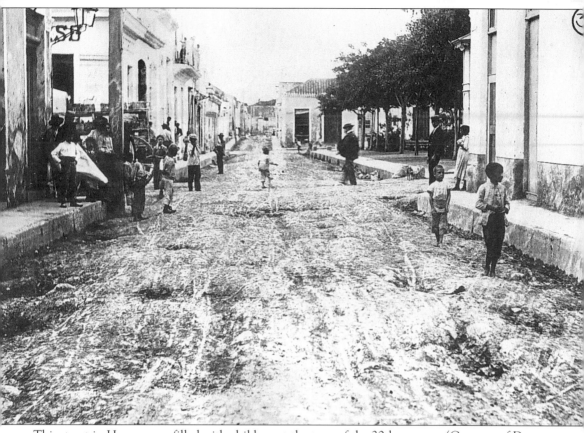

This street in Havana was filled with children at the turn of the 20th century. (Courtesy of Dr. and Mrs. Martinez-Monfort.)

Una calle en La Habana llena de niños a principios del siglo XX. (Cortesía del Dr y la Sra. Martínez-Monfort.)

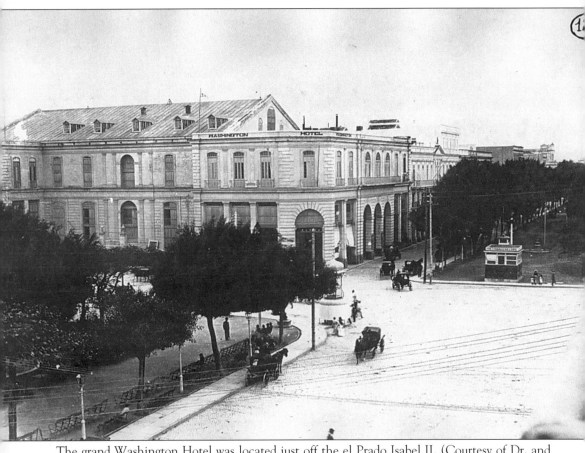

The grand Washington Hotel was located just off the el Prado Isabel II. (Courtesy of Dr. and Mrs. Martinez-Monfort.)
El hotel Washington estaba situado fuera del Prado Isabel II. (Cortesía del Dr. y la Sra. Martínez-Monfort.)

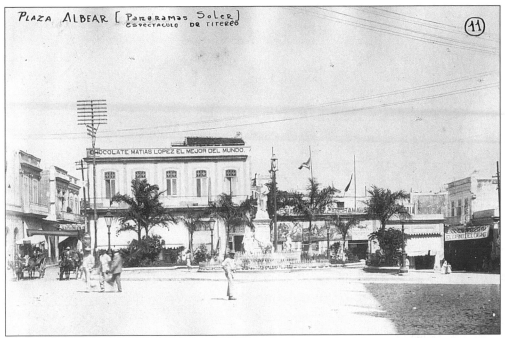

Plaza Albear appears here around 1900. (Courtesy of Dr. and Mrs. Martinez-Monfort.)
La Plaza Albear como aparecía alrededor de 1900. (Cortesía del Dr. y la Sra. Martínez-Monfort.)

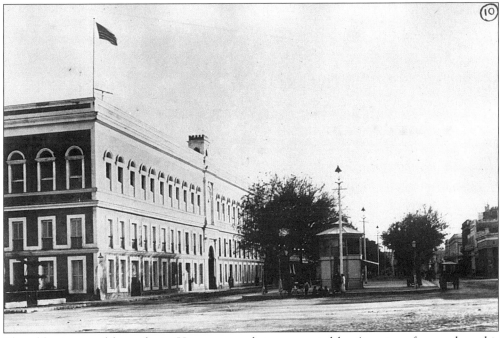

The old prison and barracks in Havana were being occupied by American forces when this turn-of-the-20th-century photograph was taken. Note the American flag atop the building. (Courtesy of Dr. and Mrs. Martinez-Monfort.)
Los antiguos cuarteles y la prisión vieja de La Habana durante la ocupación estadounidense, 1900. Nótese la bandera americana que ondea en lo alto del edificio.(Cortesía del Dr. y la Sra. Martínez-Monfort.)

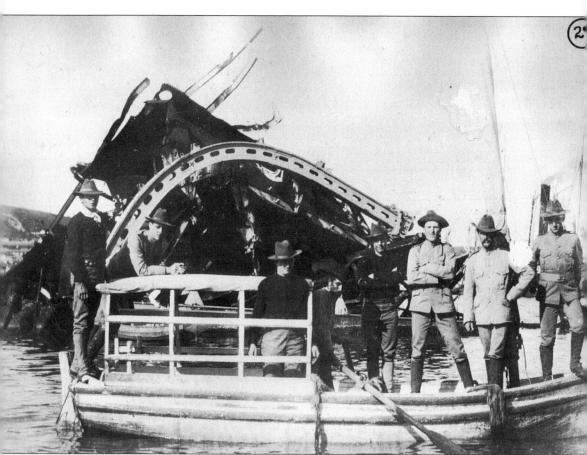

The wreckage of the United States battleship *Maine* sits in the harbor of Havana. Up until 1912, the wreck was a popular tourist stop for Americans wishing to pay their respects to the crewmen who lost their lives in the explosion, an event that started the war between the United States and Spain. (Courtesy of Dr. and Mrs. Martinez-Monfort.)

Los restos del barco de guerra norteamericano "Maine" en el puerto de La Habana. Hasta 1912 fué un lugar turístico popular para los estadounidenses que deseaban mostrar sus respectos a los marineros que perdieron sus vidas en la explosión, suceso que desencadenó la guerra entre Estados Unidos y España. (Cortesía del Dr. y la Sra. Martínez-Monfort)

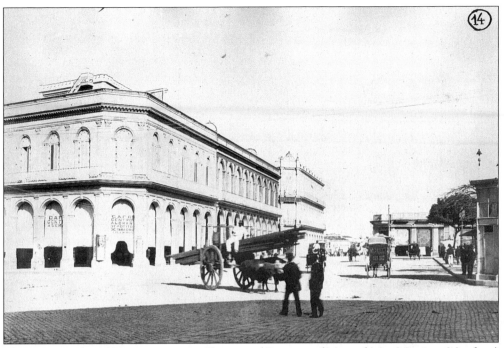

This is a typical c. 1900 street scene in Havanna. (Courtesy of Mr. and Mrs. Martinez-Monfort.)
Una escena de calle en la época de 1900. (Cortesía del Dr. y la Sra. Martínez-Monfort.)

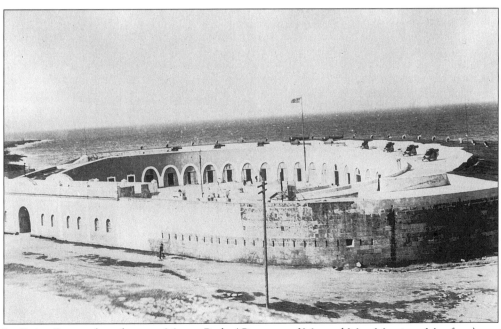

La Reina Battery later became Maceo Park. (Courtesy of Mr. and Mrs. Martinez-Monfort.)
La batería de la reina que luego llegó a ser el Parque Maceo. (Cortesía del Dr. y la Sra. Martínez-Monfort.)

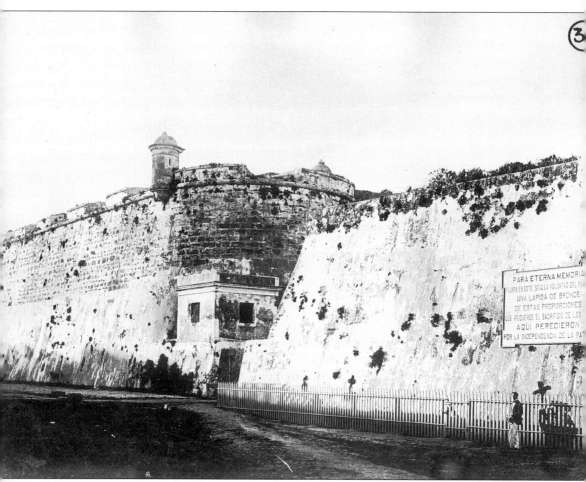

The walls of Morro Castle provided the spot where Spanish firing squads executed those who were caught fighting for Cuban independence. (Courtesy of Dr. and Mrs. Martinez-Monfort.)
En las paredes del castillo del Morro, las escuadras españolas fusilaron a los que descubrían luchando por la independencia cubana. (Cortesía del Dr. y la Sra. Martínez-Monfort.)

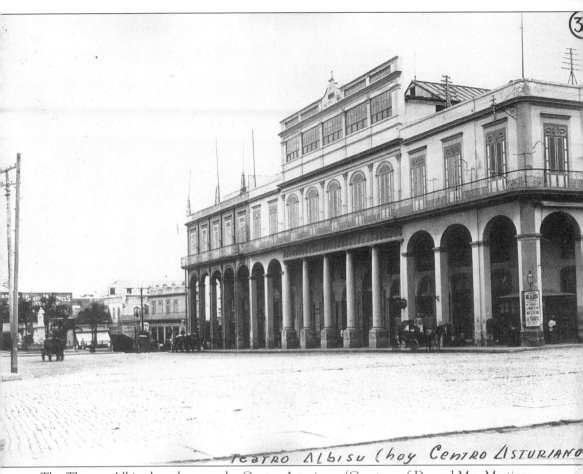

Teatro Albisu (hoy Centro Asturiano)

The Theater Albisu later became the Centro Asturiano. (Courtesy of Dr. and Mrs. Martínez-Monfort.)

El Teatro Albisu, que luego llegaría a ser el Centro Asturiano. (Cortesía del Dr. y la Sra. Martínez-Monfort.)

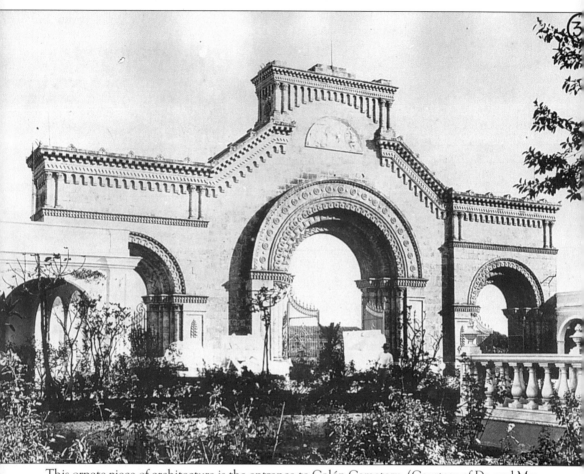

This ornate piece of architecture is the entrance to Colón Cemetery. (Courtesy of Dr. and Mrs. Martinez-Monfort.)

Esta vistosa pieza de arquitectura es la entrada al Cementerio de Colón. (Cortesía del Dr. y la Sra. Martínez-Monfort.)

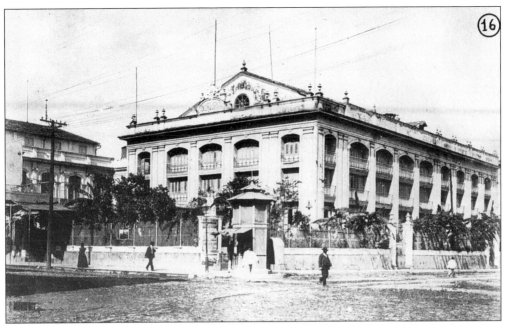

16

The old Martí Theater remains standing in Havana. (Courtesy of Dr. and Mrs. Martinez-Monfort.)
El antiguo Teatro Martí en La Habana. (Cortesía del Dr. y la Sra. Martínez-Monfort)

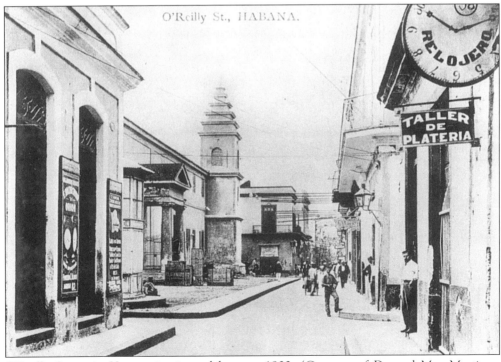

O'Reilly Street in Havana is pictured here, *c.* 1900. (Courtesy of Dr. and Mrs. Martinez-Monfort.)
La calle O'Reilly en La Habana, época de 1900. (Cortesía del Dr. y la Sra. Martínez-Monfort.)

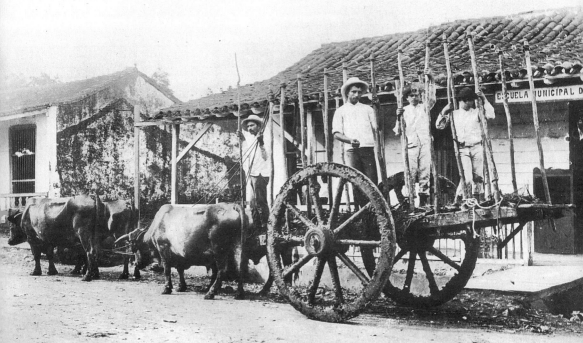

In the background of this picture taken along the Camino Real, one can see a small muncipal school building. (Courtesy of Dr. and Mrs. Martinez-Monfort.)

En esta imagen, a lo largo del Camino Real, se puede ver un pequeño edificio perteneciente a la escuela municipal. (Cortesía del Dr. y la Sra. Martínez-Monfort.)

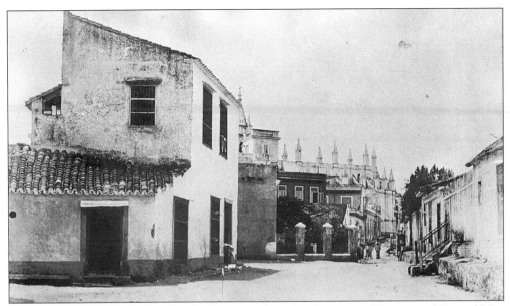

Another typical street in Havana shows some colonial architecture. (Courtesy of Dr. and Mrs. Martinez-Monfort.)

Otra calle típica en La Habana que muestra la arquitectura colonial. (Cortesía del Dr. y la Sra. Martínez-Monfort.)

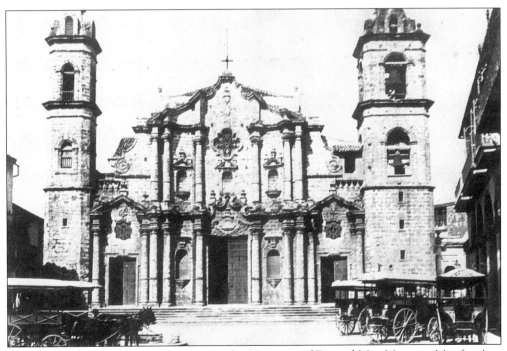

The Cathedral in Havana looks quite stately. (Courtesy of Dr. and Mrs. Martinez-Monfort.)

La majestuosa Catedral de La Habana. (La cortesía de Sr. and Sra. Martinez-Monfort.)

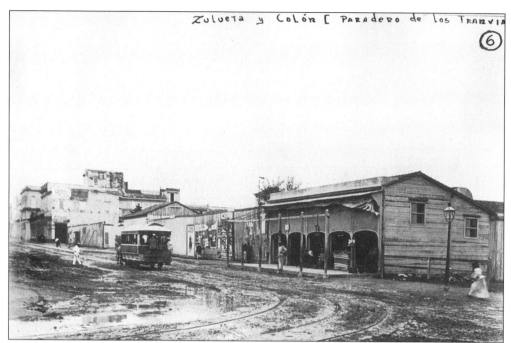

A horse-drawn streetcar travels on Zulueta and Colón Streets in the early part of the 20th century. (Courtesy of Dr. and Mrs. Martinez-Monfort.)
Un tranvía tirado por caballos en las calles de Zulueta y Colón en La Habana a principios del siglo XX. (Cortesía del Dr. y la Sra. Martínez-Monfort.)

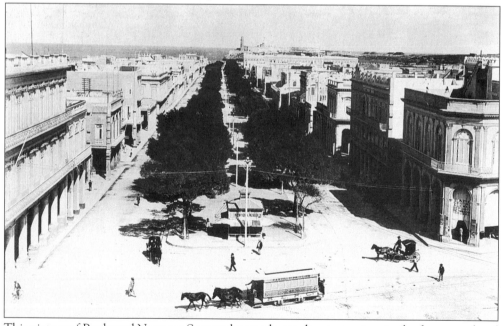

This picture of Prado and Neptuno Streets shows a horse-drawn streetcar in the foreground and Morro Castle in the distance. (Courtesy of Dr. and Mrs. Martinez-Monfort.)
Esta escena de las calles Prado y Neptuno muestra un tranvía tirado por caballos en primer plano y el Castillo del Morro a lo lejos. (Cortesía del Dr. y la Sra. Martínez-Monfort.)

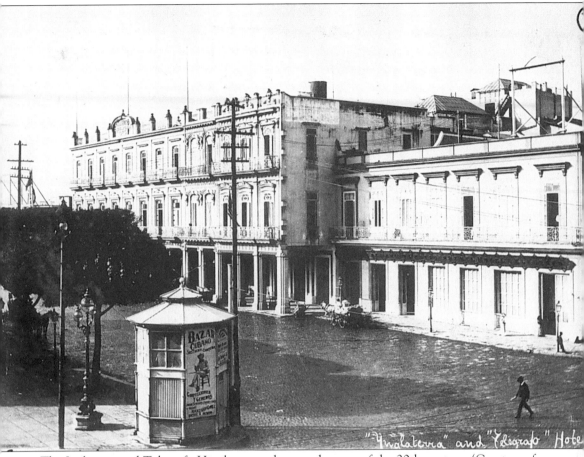

"Inglaterra" and "Telegrafo" Hote

The Inglaterra and Telegrafo Hotels appear here at the turn of the 20th century. (Courtesy of Mr. and Mrs. Martinez-Monfort.)

Los hoteles Inglaterra y Telégrafo como aparecían a principios del siglo XX. (Cortesía del Dr. y la Sra. Martínez-Monfort.)

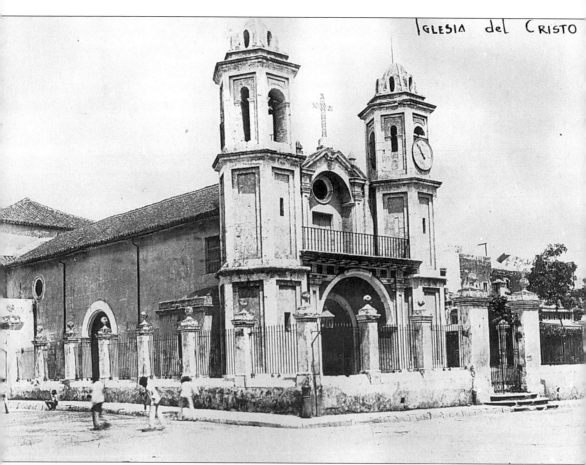

This sturdy structure is the Church of Christ in Havana, *c.* 1900. (Courtesy of Dr. and Mrs. Martinez-Monfort.)

Esta robusta estructura es la Iglesia de Cristo en La Habana, 1900. (Cortesía del Dr. y la Sra. Martínez-Monfort.)

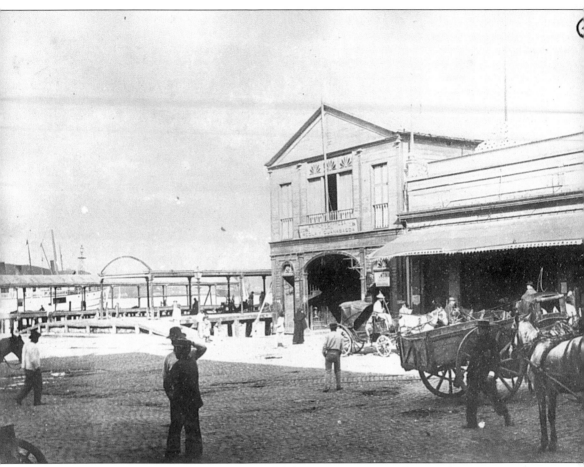

The docks in Havana are known as "Muelle de Luz." (Courtesy of Dr. and Mrs. Martinez-Monfort.)
Los muelles de La Habana, conocidos como "Muelle de Luz". (Cortesía del Dr. y la Sra. Martínez-Monfort.)

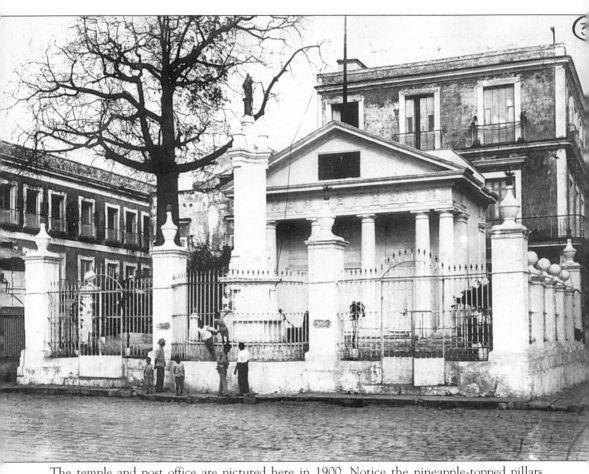

The temple and post office are pictured here in 1900. Notice the pineapple-topped pillars. (Courtesy of Dr. and Mrs. Martinez-Monfort.)

El templo y la oficina de correos, 1900. (Cortesía del Dr. y la Sra. Martínez-Monfort.)

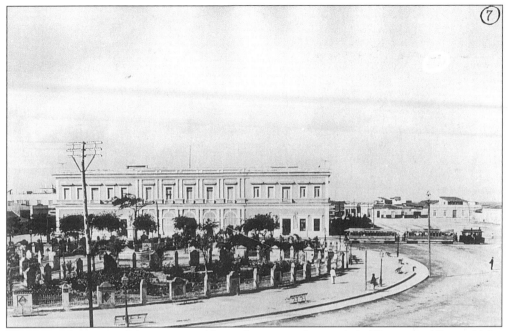

This is another view of the prison and barracks previously pictured. (Courtesy of Dr. and Mrs. Martinez-Monfort.)

Otra vista de la prisión y de los cuarteles anteriormente mostrados. (Cortesía del Dr. y la Sra. Martínez-Monfort.)

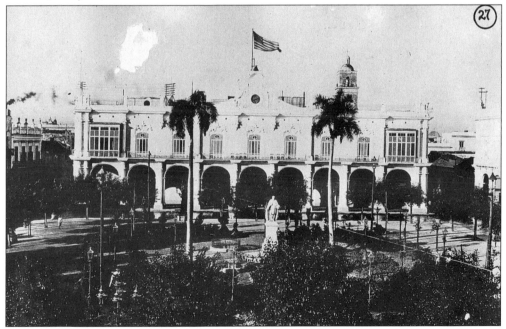

An American flag is clearly visible above the Royal Governor's Palace. (Courtesy of Dr. and Mrs. Martinez-Monfort.)

Se puede ver la bandera norteamericana sobre el Palacio del Governador Real. (Cortesía del Dr. y la Sra. Martínez-Monfort.)

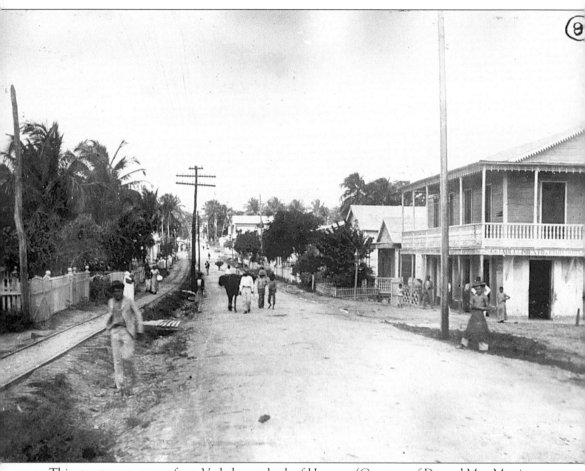

This street scene comes from Vedado, a suburb of Havana. (Courtesy of Dr. and Mrs. Martinez-Monfort.)

Una escena de calle en Vedado, un barrio de La Habana. (Cortesía del Dr. y la Sra. Martínez-Monfort.)

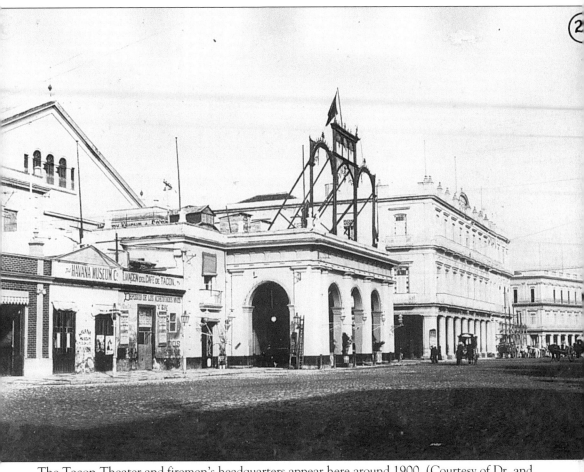

The Tacon Theater and firemen's headquarters appear here around 1900. (Courtesy of Dr. and Mrs. Martinez-Monfort.)
El Teatro Tacón y el cuartel de bomberos, 1900. (Cortesía del Dr. y la Sra. Martínez-Monfort.)

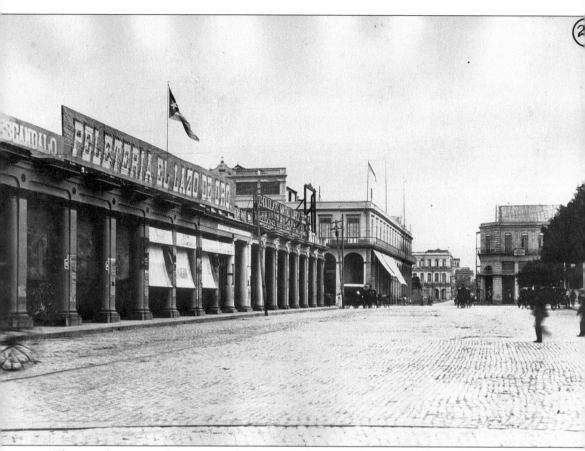

The storefronts seen here are in the heart of Havana. (Courtesy of Dr. and Mrs. Martinez-Monfort.)

Las fachadas de tiendas en el corazón de La Habana. (Cortesía del Dr. y la Sra. Martínez-Monfort.)

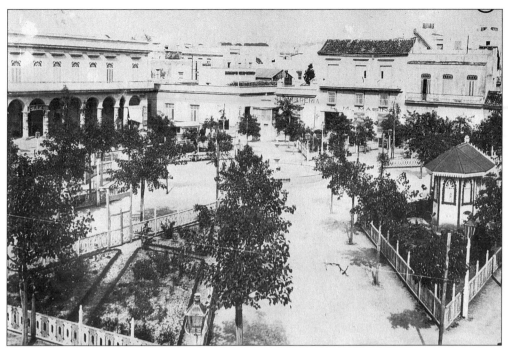

San Juan de Dios Park appeared this way, with its tree-lined gardens, in 1900. (Courtesy of Dr. and Mrs. Martinez-Monfort.)
El Parque de San Juan de Dios y sus jardines como aparecía en 1900. (Cortesía del Dr. y la Sra. Martínez-Monfort.)

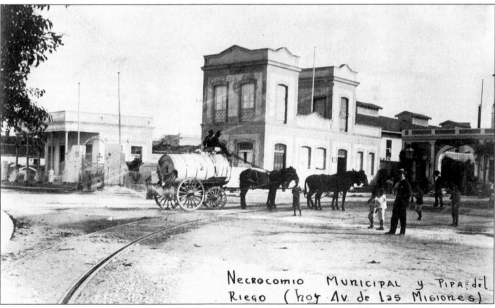

The municipal mortuary was located on Avenida de las Misiones. (Courtesy of Dr. and Mrs. Martinez-Monfort.)
La funeraria municipal situada en la avenida de Las Misiones. (Cortesía del Dr. y la Sra. Martínez-Monfort.)

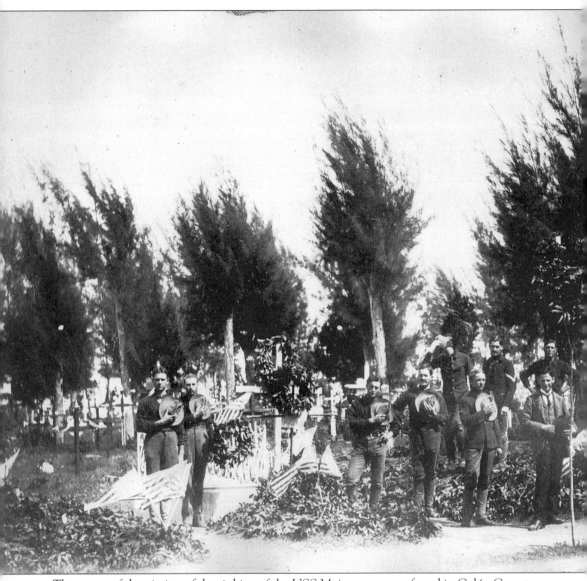

The graves of the victims of the sinking of the USS *Maine* were once found in Colón Cemetery, pictured here *c.* 1900. The bodies were relocated to Arlington National Cemetery a few years prior to World War I. (Courtesy of Dr. and Mrs. Martinez-Monfort.)

Los sepulcros de las víctimas del hundimiento del U.S.S. Maine fueron encontradas una vez en el Cementerio de Colón, época de 1900. Más tarde ,los restos fueron trasladados al Cementerio Nacional de Arlington, unos años antes de la Primera Guerra Mundial. (Cortesía del Dr. y la Sra. Martínez-Monfort.)

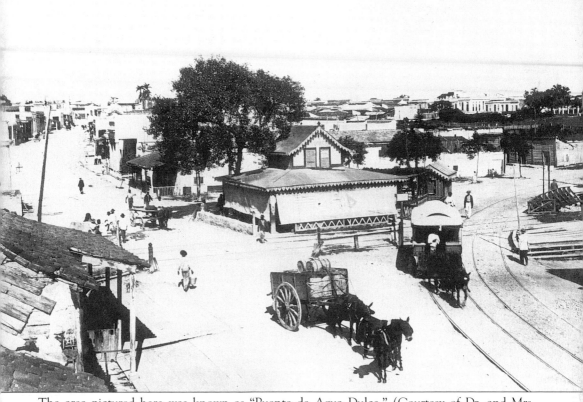

The area pictured here was known as "Puente de Agua Dulce." (Courtesy of Dr. and Mrs. Martinez-Monfort.)

Una fotografía de un área conocida como "Puente de Agua Dulce". (Cortesía del Dr. y la Sra. Martínez-Monfort.)

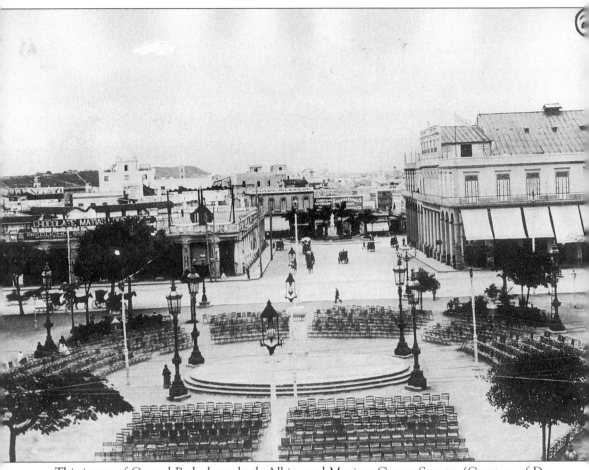

This image of Central Park shows both Albisu and Maximo Gomez Streets. (Courtesy of Dr. and Mrs. Martinez-Monfort.)

Vista del Parque Central que muestra las calles de Albisu y Máximo Gómez. (Cortesía del Dr. y la Sra. Martínez-Monfort.)

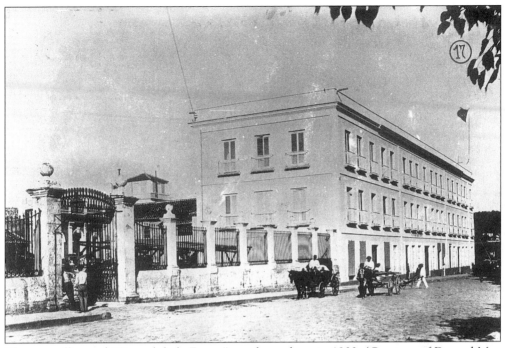

The post office and "Cuartel de la Fuerza" are shown here in 1900. (Courtesy of Dr. and Mrs. Martinez-Monfort.)
La oficina de correos y el "Cuartel de la Fuerza" como aparecían en 1900. (Cortesía del Dr. y la Sra. Martínez-Monfort.)

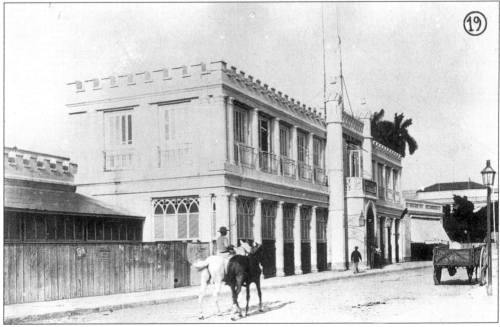

This is the Villanueva Railroad Station in Havana. (Courtesy of Dr. and Mrs. Martinez-Monfort.)
Otra vista de la estación de ferrocarriles de Villanueva.(Cortesía del Dr. y la Sra. Martínez-Monfort.)

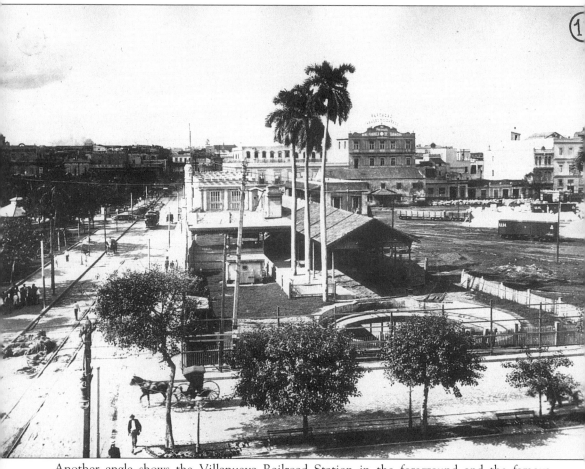

Another angle shows the Villanueva Railroad Station in the foreground and the famous Partagas Cigar Factory (the tallest bulding) in the distance. (Courtesy of Dr. and Mrs. Martinez-Monfort.)

Otra vista de la estación de ferrocarriles de Villanueva en primer plano y la famosa fábrica de tabaco Partagas (el edificio más alto) a lo lejos. (Cortesía del Dr. y la Sra. Martínez-Monfort.)

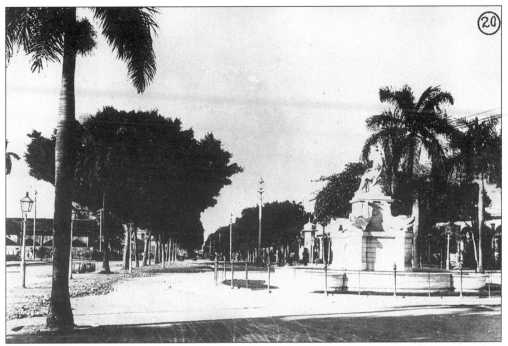

The "La India" statue, to the right, appears in another 1900 photograph. (Courtesy of Dr. and Mrs. Martinez-Monfort.)
La Estatua de "La India", a la derecha, como apareció en La Habana alrededor de 1900. (Cortesía del Dr. y la Sra. Martínez-Monfort.)

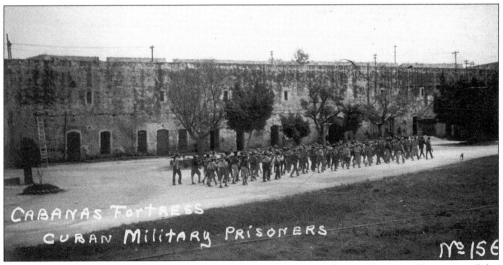

Cuban military members are being held as prisoners in the Cabanas Fortress. (Courtesy of the Museo del Círculo Cubano.)
Presos militares cubanos en la Fortaleza de la Cabaña. (Cortesía del Museo del Círculo Cubano.)

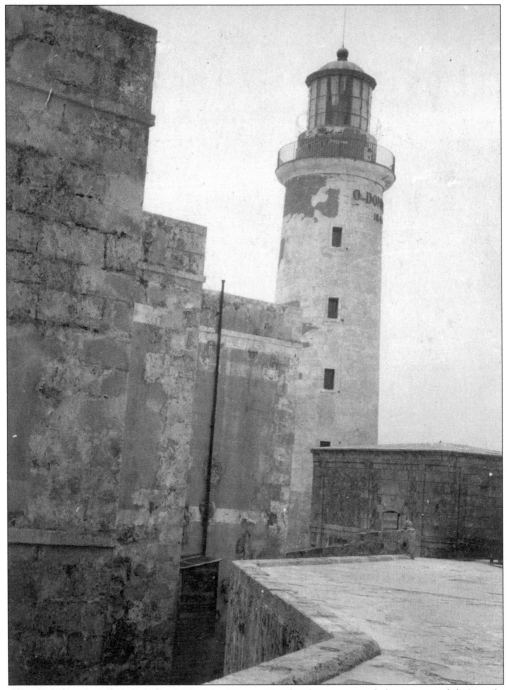

This lighthouse is part of the imposing Morro Castle. (Courtesy of the Museo del Círculo Cubano.)
Este faro forma parte del impresionante Castillo del Morro. (Cortesía del Museo del Círculo Cubano.)

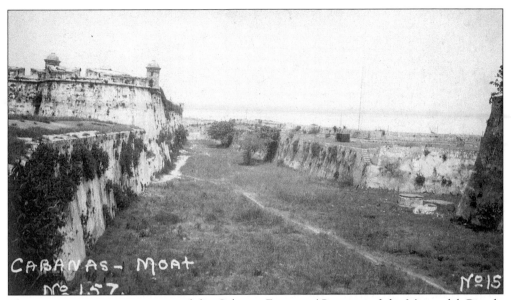

This empty moat was once part of the Cabanas Fortress. (Courtesy of the Museo del Círculo Cubano.)

Este foso vacío fué una vez parte de la Fortaleza de la Cabaña. (Cortesía del Museo del Círculo Cubano.)

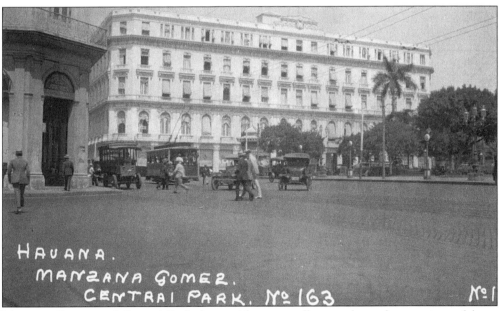

Manzana Gómez and Central Park, busy with cars, trolleys, and people, are pictured here, c. 1923. (Courtesy of the Museo del Círculo Cubano.)

Manzana Gómez y el Parque Central, lleno de coches, tranvías y gente, época de 1923. (Cortesía del Museo del Círculo Cubano.)

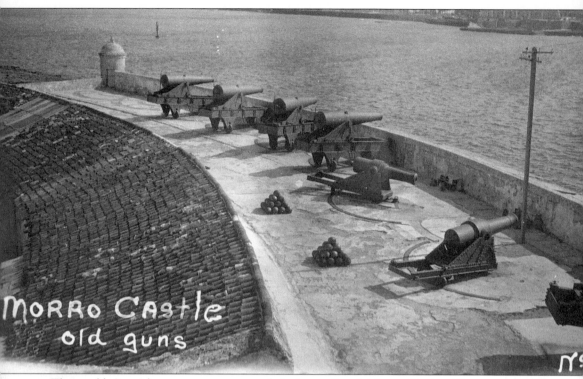

These old Spanish cannons once guarded the walls of Morro Castle. (Courtesy ADEQ Historical Resources.)

Estos antiguos cañones españoles defendían el Castillo del Morro. (Cortesía de ADEQ Recursos Históricos.)

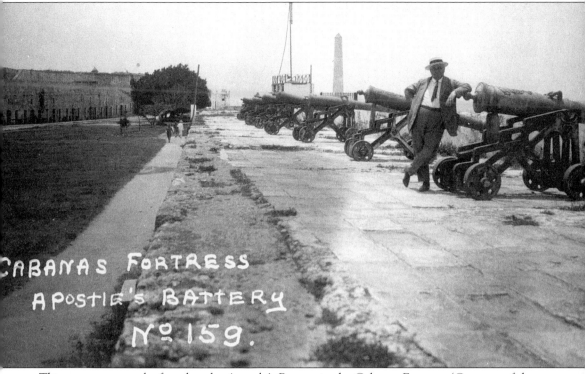

These weapons can be found at the Apostle's Battery in the Cabanas Fortress. (Courtesy of the Museo del Círculo Cubano.)

Estas armas se encuentran en la Batería de los Apóstoles, Fortaleza de la Cabaña. (Cortesía del Museo del Círculo Cubano.)

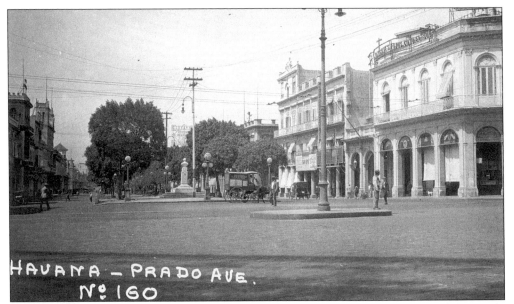

Prado Avenue was an exceptionally wide roadway. (Courtesy of the Museo del Círculo Cubano.)

La avenida del Prado era una calle excepcionalmente ancha. (Cortesía del Museo del Círculo Cubano.)

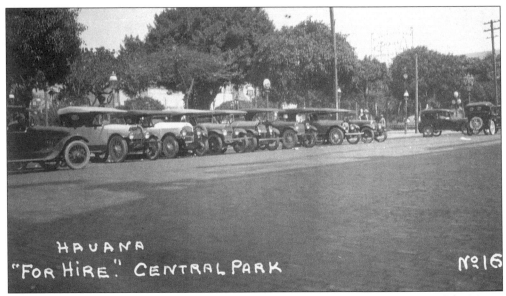

A number of taxis for hire await customers in this view from the 1920s. (Courtesy of the Museo del Círculo Cubano.)

Taxis que esperan a sus clientes en esta imagen de la década de 1920. (Cortesía del Museo del Círculo Cubano.)

98

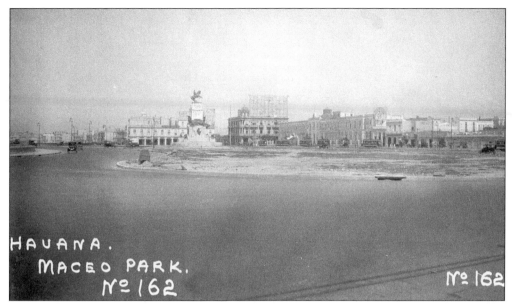

Maceo Park is shown here from a distance. (Courtesy of the Museo del Círculo Cubano.)
El *Parque Maceo a lo lejos. (Cortesía del Museo del Círculo Cubano.)*

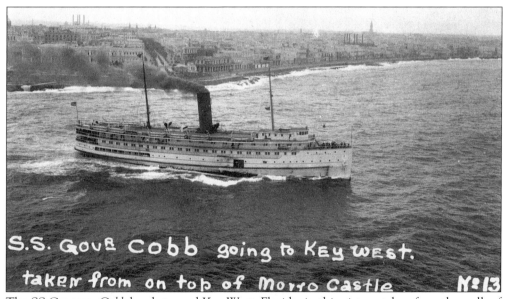

The SS *Governor Cobb* heads toward Key West, Florida, in this picture taken from the walls of Morro Castle. (Courtesy of the Museo del Círculo Cubano.)
El SS Governor Cobb, rumbo a Key West, Florida. Fotografía tomada desde las murallas del Castillo del Morro . (Cortesía del Museo del Círculo Cubano.)

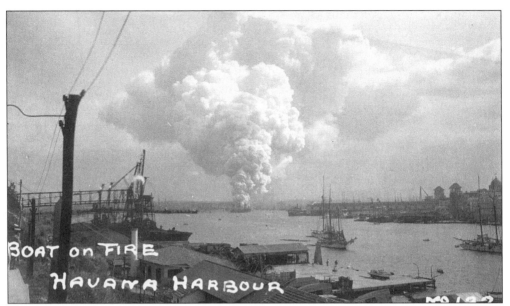

A boat has caught on fire in Havana Harbor, and smoke pours from the blaze into the sky. (Courtesy of the Museo del Círculo Cubano.)
Un barco se ha incendiado en el Puerto de La Habana y el humo de las llamaradas se expande por el cielo. (Cortesía del Museo del Círculo Cubano.)

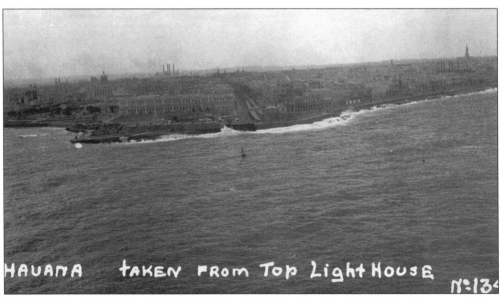

This aerial view of Havana was taken from the lighthouse at Morro Castle. (Courtesy of the Museo del Círculo Cubano.)
Una vista aérea de La Habana tomada desde el faro del Castillo del Morro. (Cortesía del Museo del Círculo Cubano.)

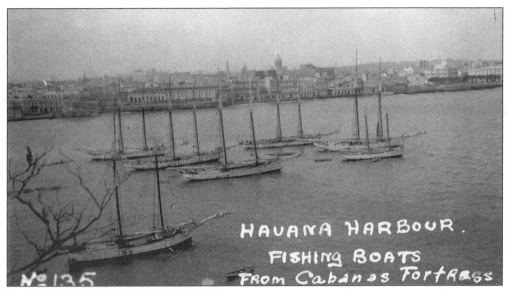

Fishing boats fill Havana Harbor. (Courtesy of the Museo del Círculo Cubano.)
Barcos de pescadores en el Puerto de La Habana. (Cortesía del Museo del Círculo Cubano.)

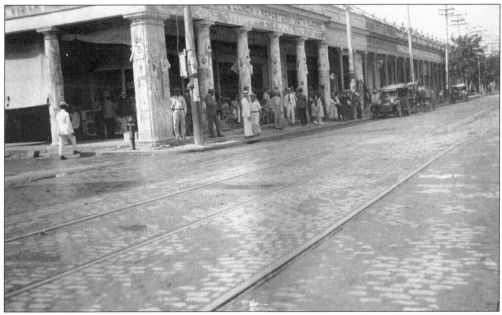

This 1920s street scene shows a crowd of people milling around in front of a café in Havana.
Trolley tracks are visible on the ground. (Courtesy of the Museo del Círculo Cubano.)
*Esta escena de calle de los años 20 muestra una multitud de gente apiñada delante de un café en La
Habana. Se pueden ver las huellas de los tranvías en el suelo.(Cortesía del Museo del Círculo
Cubano.)*

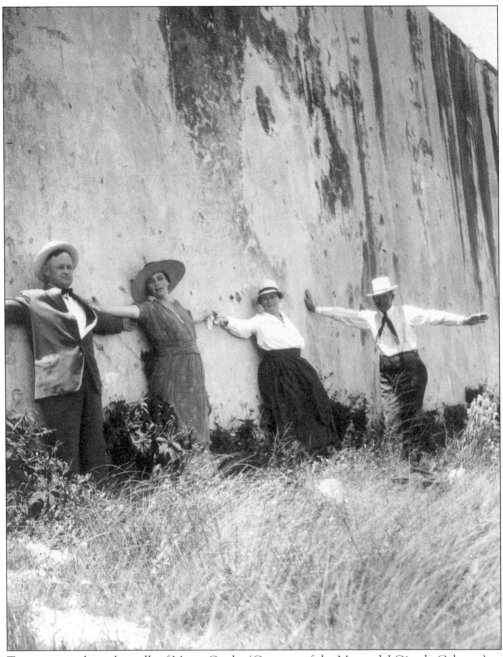

Tourists pose along the walls of Morro Castle. (Courtesy of the Museo del Círculo Cubano.)
Turistas que posan a lo largo de las paredes del Castillo del Morro. (Cortesía del Museo del Círculo Cubano.)

These women are peering into a basket of human bones at Colón Cemetery. (Courtesy of the Museo del Círculo Cubano.)
Estas mujeres miran una cesta con huesos humanos en el Cementerio de Colón. (Cortesía del Museo del Círculo Cubano.)

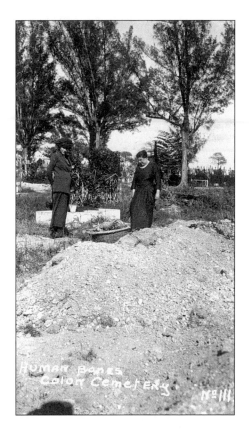

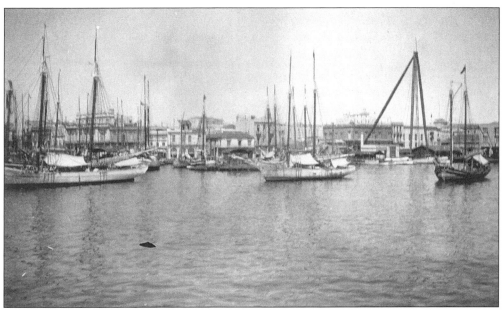

Havana Harbor is seen here around 1923. (Courtesy of the Museo del Círculo Cubano.)
Una vista del Puerto de La Habana alrededor de 1923. (Cortesía del Museo del Círculo Cubano.)

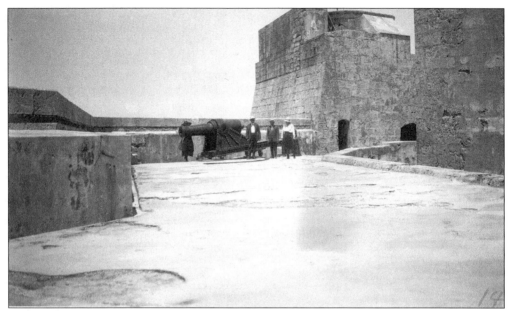

Tourists examine a gun at Morro Castle. (Courtesy of the Museo del Círculo Cubano.)
Turistas examinando un cañón en el Castillo del Morro. (Cortesía del Museo del Círculo Cubano.)

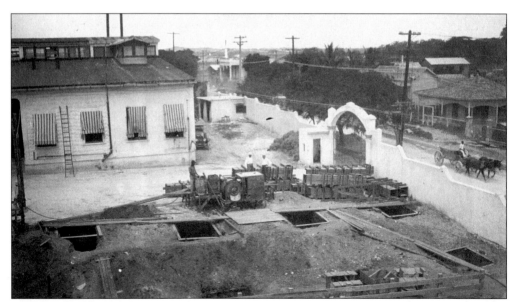

This is a *c.* 1923 construction scene in Havana. (Courtesy of the Museo del Círculo Cubano.)
Una escena de construcción en La Habana, época de 1923. (Cortesía del Museo del Círculo Cubano.)

In this typical Havana street
scene, a sign advertises the sale
of national lottery tickets.
(Courtesy of the Museo del
Círculo Cubano.)
*En esta escena típica de calle en
La Habana, un cartel anuncia la
venta de boletos de lotería
nacional. (Cortesía del Museo del
Círculo Cubano.)*

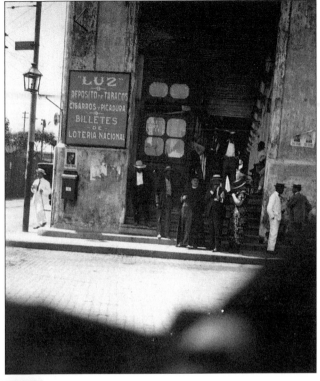

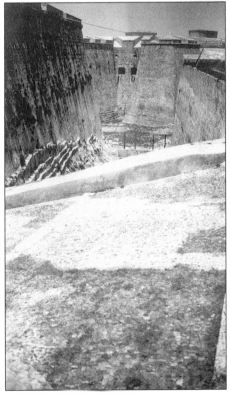

Arhitectural details of Morro Castle are visible in
this photograph. (Courtesy El Museo del Círculo
Cubano.)
*Detalles arquitecturales del Castillo del Morro se
pueden apreciar en esta imagen. (Cortesía del Museo
del Círculo Cubano.)*

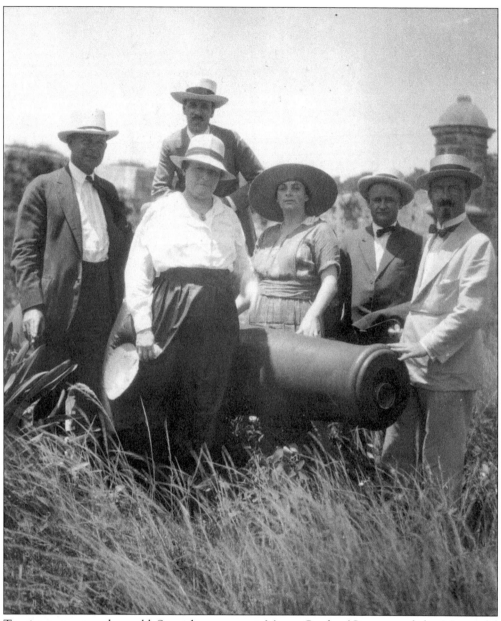

Tourist pose around an old Spanish cannon at Morro Castle. (Courtesy of the Museo del Círculo Cubano.)

Turistas posando alrededor de un antiguo cañón español en el Castillo del Morro. (Cortesía del Museo del Círculo Cubano.)

This typical city scene shows storefronts and cars. (Courtesy of the Museo del Círculo Cubano.) *Esta escena urbana típica muestra las fachadas de las tiendas y los coches. (Cortesía del Museo del Círculo Cubano.)*

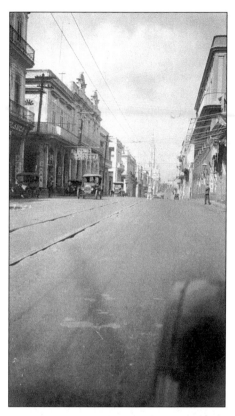

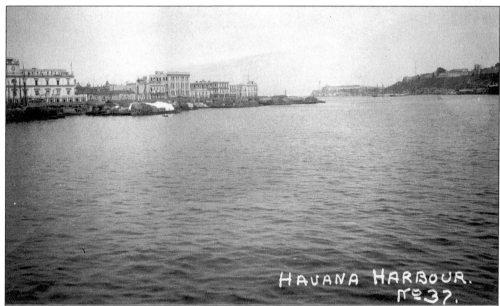

The waters are calm in this Havana Harbor portrait. (Courtesy of the Museo del Círculo Cubano.)
El mar está en calma en esta imagen del Puerto de La Habana. (Cortesía del Museo del Círculo Cubano)

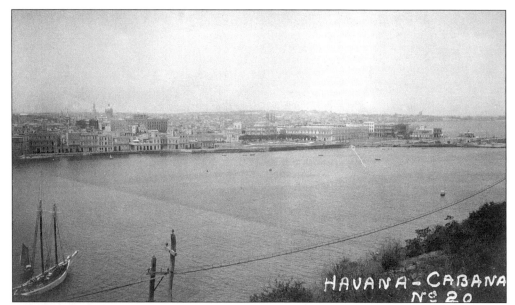

Here is another view of Havana Harbor as it appeared during the 1920s. (Courtesy of the Museo del Círculo Cubano.)
Otra vista del Puerto de La Habana como aparecía durante la década de 1920. (Cortesía del Museo del Círculo Cubano.)

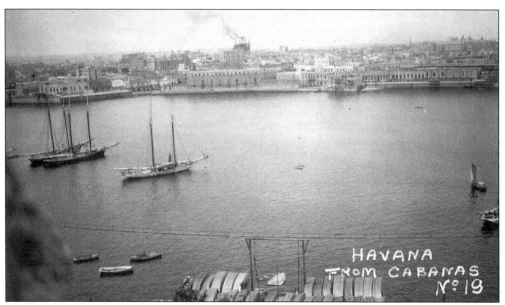

This view of the harbor was taken from the Cabanas Fortress. (Courtesy of the Museo del Círculo Cubano.)
Esta vista del puerto se tomó desde la Fortaleza de la Cabaña. (Cortesía del Museo del Círculo Cubano.)

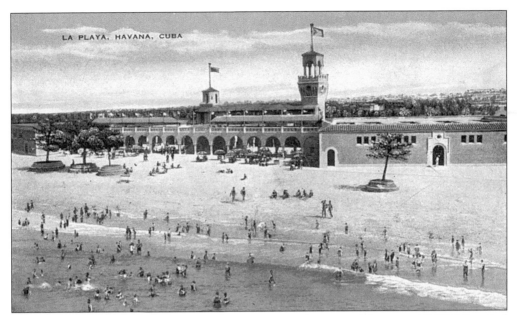

This beach in Havana became a popular tourist vacation spot. (Courtesy ADEQ Historical Resources.)

Esta playa en La Habana se convirtió en una atracción turística popular. (Cortesía de ADEQ Recursos Históricos.)

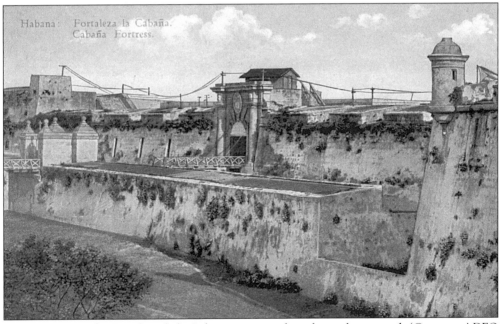

The entrance to the Fortaleza de la Cabaña is pictured on this early postcard. (Courtesy ADEQ Historical Resources.)

En esta antigua postal se puede ver la entrada a la Fortaleza de la Cabaña. (Cortesía de ADEQ Recursos Históricos.)

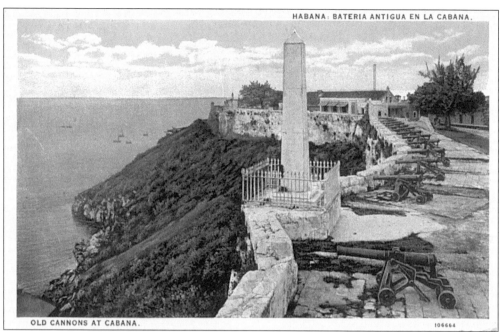

OLD CANNONS AT CABANA.

106664

An old battery of cannon points toward the water from the Cabaña. (Courtesy ADEQ Historical Resources.)

Una antigua batería de cañones mirando hacia el agua en la Fortaleza de la Cabaña. (Cortesía de ADEQ Recursos Históricos.)

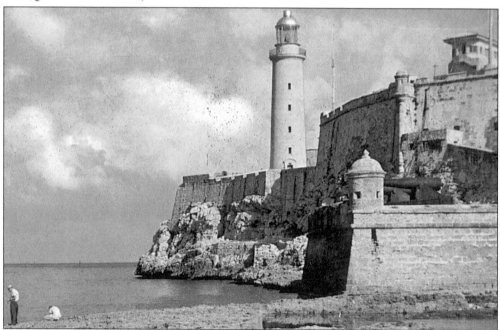

A 1950s view shows the stalwart presence of Morro Castle. (Courtesy ADEQ Historical Resources.)

Una vista del impresionante Castillo del Morro en la década de 1950. (Cortesía de ADEQ Recursos Históricos.)

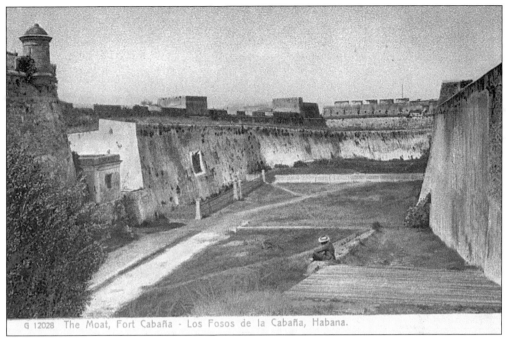

G 12028 The Moat, Fort Cabaña - Los Fosos de la Cabaña, Habana.

This dry moat surrounds La Forteleza de la Cabaña. (Courtesy ADEQ Historical Resources.)
Este foso vacío rodea La Forteleza de la Cabaña. (Cortesía de ADEQ Recursos Históricos.)

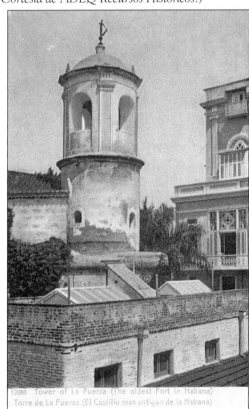

The tower at right belongs to La Fuerza, one of the oldest forts in Havana. (Courtesy ADEQ Historical Resources.)
Esta torre pertenece a La Fuerza, uno de los castillos más antiguos de La Habana. (Cortesía de ADEQ Recursos Históricos.)

12086 Tower of La Fuerza (the oldest Fort in Habana)
Torre de La Fuerza (El Castillo más antiguo de la Habana)

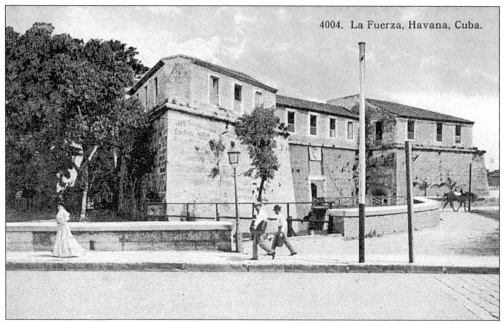

4004. La Fuerza, Havana, Cuba.

Behind the simple raised sidewalk stands the entrance to La Fuerza. (Courtesy ADEQ Historical Resources.)

Detrás de esta sencilla acera se puede ver la entrada a La Fuerza. (Cortesía de ADEQ Recursos Históricos.)

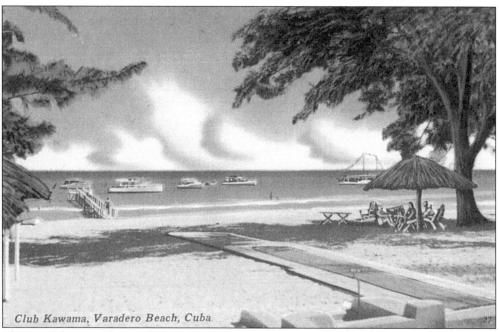

Club Kawama, Varadero Beach, Cuba

This restful scene shows Club Kawama in Varadero Beach. (Courtesy ADEQ Historical Resources.)

Esta agradable escena muestra el Club Kawama en la Playa de Varadero. (Cortesía de ADEQ Recursos Históricos.)

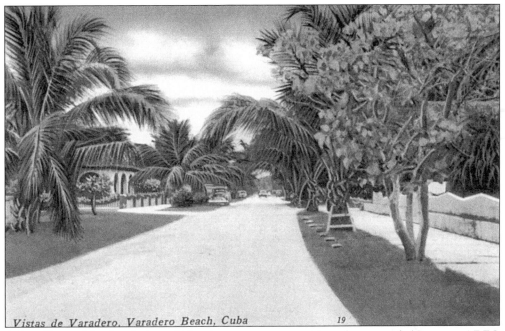

Vistas de Varadero, Varadero Beach, Cuba   19

A friendly neighborhood view of Varadero was put onto this early postcard. (Courtesy ADEQ Historical Resources.)

En esta antigua postal muestra una bonita vista de un barrio de Varadero. (Cortesía de ADEQ Recursos Históricos.)

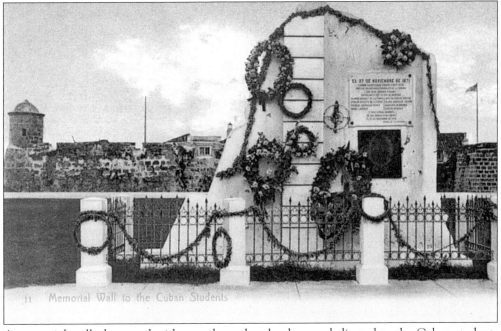

A memorial wall, decorated with wreaths and garlands, was dedicated to the Cuban students who died for their country's independence. (Courtesy ADEQ Historical Resources.)

Este monumento conmemorativo, adornado con coronas y guirnaldas, está dedicado a los estudiantes cubanos que murieron por la independencia de su país. (Cortesía de ADEQ Recursos Históricos.)

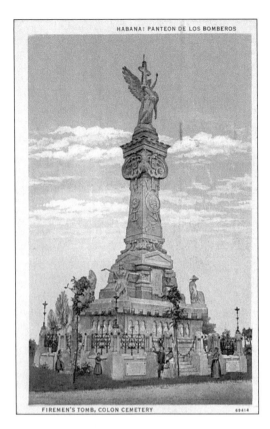

A tomb for Havana's firemen was established in Colón Cemetery. (Courtesy ADEQ Historical Resources.)
Una tumba en honor de los bomberos de La Habana en el Cementerio de Colón. (Cortesía de ADEQ Recursos Históricos.)

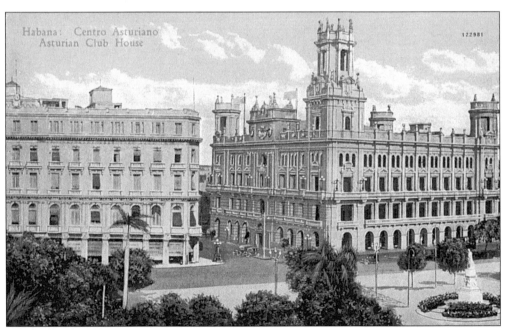

The Centro Asturiano in Havana is pictured here. (Courtesy ADEQ Historical Resources.)
El Centro Asturiano en La Habana. (Cortesía de ADEQ Recursos Históricos.)

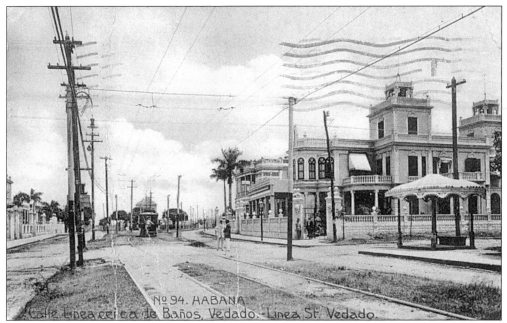

These streetcar lines run through Vedado. (Courtesy ADEQ Historical Resources.)
Estas líneas de tranvía recorren el Vedado. (Cortesía de ADEQ Recursos Históricos.)

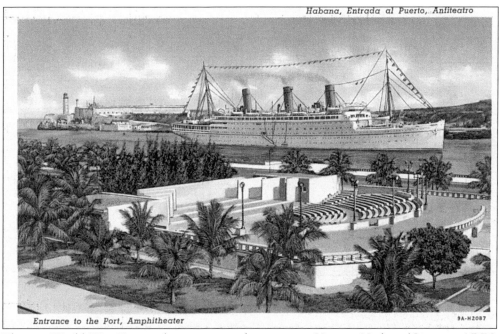

This pre-World War II view shows a cruise ship entering Havana Harbor. (Courtesy ADEQ Historical Resources.)
Esta escena anterior a la Segunda Guerra Mundial muestra un buque crucero entrando en el puerto de La Habana. (Cortesía de ADEQ Recursos Históricos.)

115

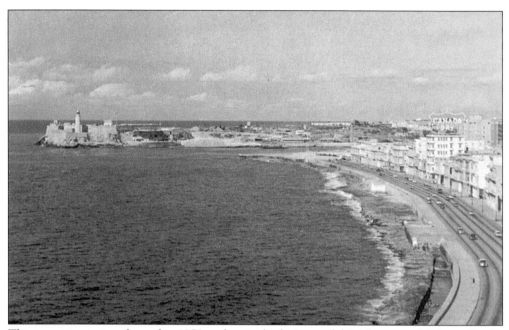

This expanisve view from the 1950s takes in both Paseo del Malecon and Morro Castle. (Courtesy ADEQ Historical Resources.)
Una vista del Paseo del Malecón y del Castillo del Morro en la década de 1950. (Cortesía de ADEQ Recursos Históricos.)

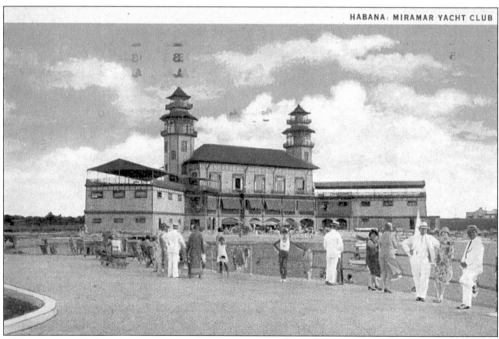

The Miramar Yacht Club appears here in the 1930s. (Courtesy ADEQ Historical Resources.)
El Club de Yate Miramar como aparecía en la década de 1930. (Cortesía de ADEQ Recursos Históricos.)

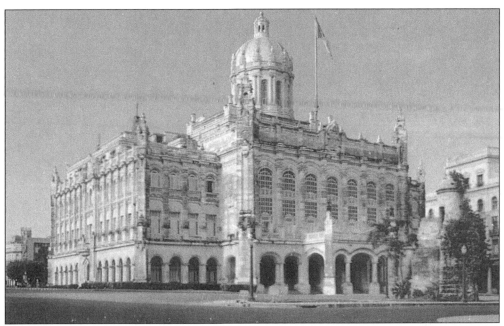

The grand style of the Presidential Palace is apparent in this 1950 postcard. (Courtesy ADEQ Historical Resources.)
El grandioso estilo del Palacio Presidencial se manifiesta en esta tarjeta postal de 1950. (Cortesía de ADEQ Recursos Históricos.)

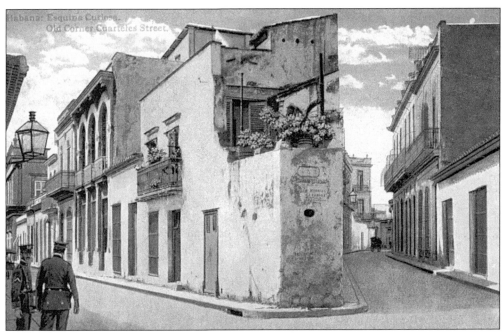

This early 1900s image shows the interesting, old corner of Cuarteles Street. (Courtesy ADEQ Historical Resources.)
Esta imagen de principios del siglo XX, muestra este interesante y curioso rincón de la Calle Cuarteles. (Cortesía de ADEQ Recursos Históricos.)

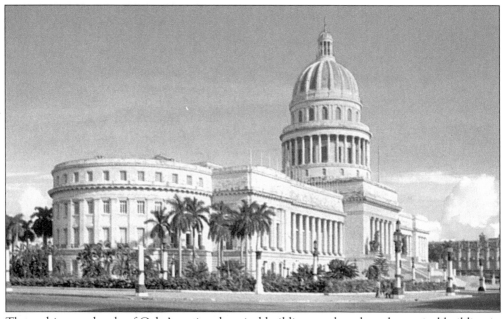

The architectural style of Cuba's national capitol building was based on the capitol building in Washington, D.C. (Courtesy ADEQ Historical Resources.)
El estilo arquitectural del edificio del Capitolio Nacional de Cuba está basado en el Capitolio de Washington, D C. (Cortesía ADEQ Recursos Históricos.)

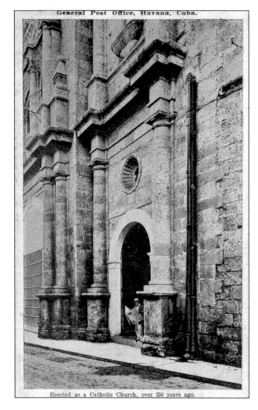

The General Post Office, seen here, was originally built as a Catholic church over 250 years ago. (Courtesy ADEQ Historical Resources.)
Una vista de la Oficina de Correos Central que se construyó originalmente como una iglesia católica hace más de 250 años. (Cortesía de ADEQ Recursos Históricos.)

The San Francisco de Paula Church appears in this early postcard. (Courtesy ADEQ Historical Resources.)

La Iglesia de San Francisco de Paula como aparecía en esta antigua tarjeta. (Cortesía de ADEQ Recursos Históricos.)

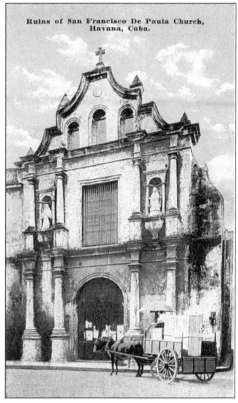

The Havana Country Club has been said to have one of the best golf courses found anywhere in the world. (Courtesy ADEQ Historical Resources.)

Se ha dicho que el Habana Country Club tiene uno de los mejores campos de golf del mundo. (Cortesía de ADEQ Recursos Históricos.)

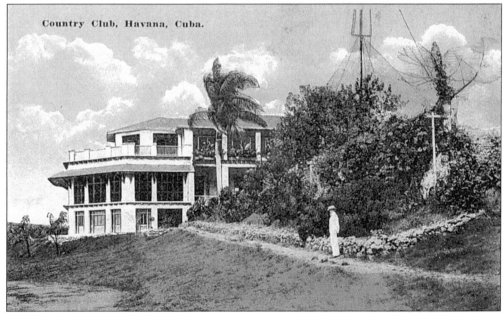

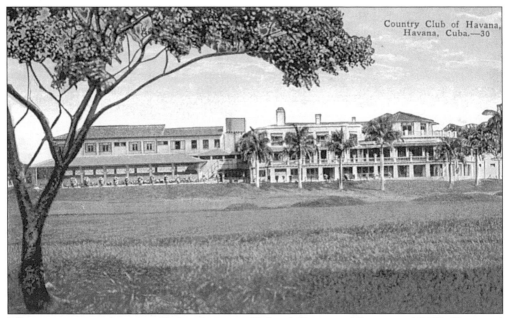

This is a very early view of the Country Club of Havana. (Courtesy ADEQ Historical Resources.)
Una vista muy antigua del Country Club de La Habana. (Cortesía de ADEQ Recursos Históricos.)

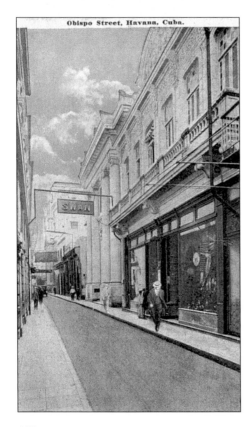

Obispo Street is depicted in this 1920s image. (Courtesy ADEQ Historical Resources.)
Una imagen de la Calle Obispo en la década de 1920. (Cortesía de ADEQ Recursos Históricos.)

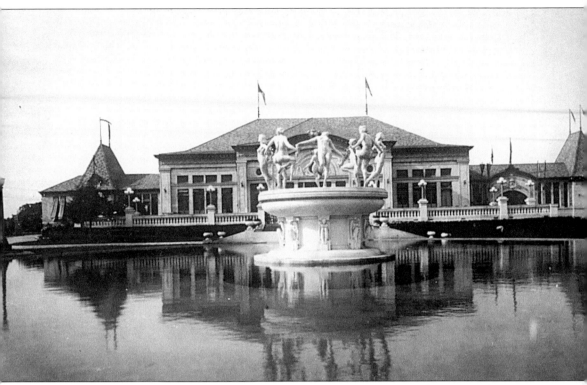

This view of the Country Club of Havana shows a wonderfully sculpted fountain. (Courtesy ADEQ Historical Resources.)

Esta vista del Country Club de La Habana muestra una preciosa fuente con sus esculturas. (Cortesía de ADEQ Recursos Históricos.)

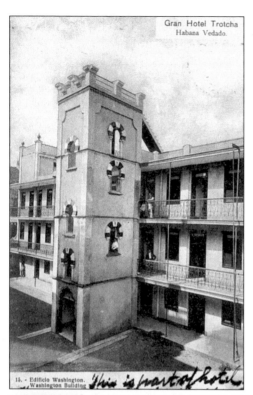

Gran Hotel Trotcha
Habana Vedado.

15. - Edificio Washington.
Washington Building. *This is part of hotel*

The Washington Building, seen here, is part of the Gran Hotel Trotcha in Vedado. (Courtesy ADEQ Historical Resources.)
El edificio de Washington forma parte del gran Hotel Trotcha en el Vedado. (Cortesía de ADEQ Recursos Históricos.)

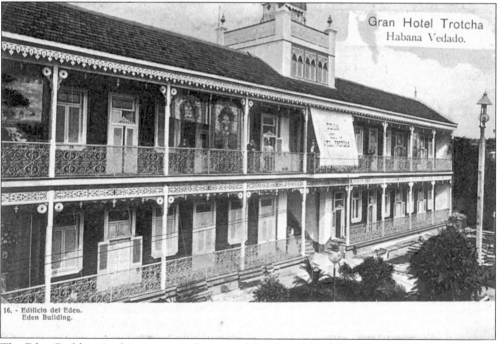

Gran Hotel Trotcha
Habana Vedado.

16. - Edificio del Eden.
Eden Building.

The Eden Building in this picture is also part of the Gran Hotel Trotcha in Vedado. (Courtesy ADEQ Historical Resources.)
El Edificio del Edén, en esta imagen, también forma parte del Gran Hotel Trotcha en el Vedado. (Cortesía de ADEQ Recursos Históricos.)

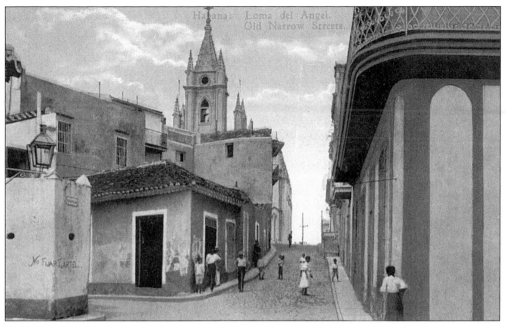

A typical scene in Havana from the early 1900s shows the sometimes narrow streets. (Courtesy ADEQ Historical Resources.)
Una escena típica en La Habana muestra las calles, algunas veces estrechas, a principios del siglo XX. (Cortesía de ADEQ Recursos Históricos.)

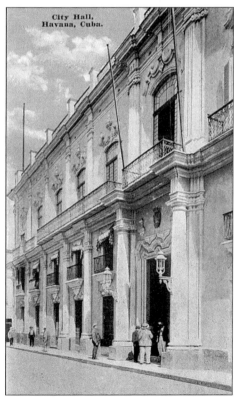

The main entrance to Havana City Hall is located on Obispo Street. (Courtesy ADEQ Historical Resources.)
La entrada principal al Ayuntamiento de La Habana, situada en la Calle Obispo. (Cortesía de ADEQ Recursos Históricos.)

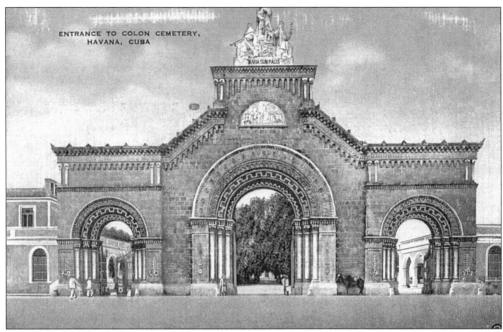

The entrance to Colon Cemetery is elaborate in its design. (Courtesy ADEQ Historical Resources.)

La entrada al Cementerio de Colón de trabajado diseño. (Cortesía de ADEQ Recursos Históricos.)

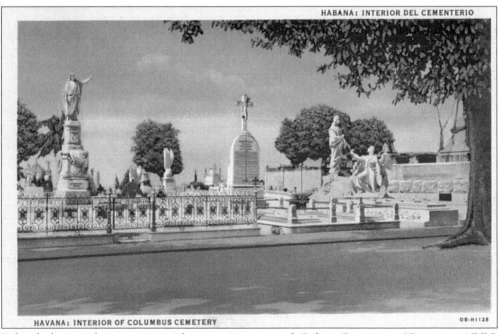

Behind the stately entrance is this interior view of Colón Cemetery. (Courtesy ADEQ Historical Resources.)

Detrás de la majestuosa entrada, he aquí una vista del interior del Cementerio de Colón. (Cortesía de ADEQ Recursos Históricos.)

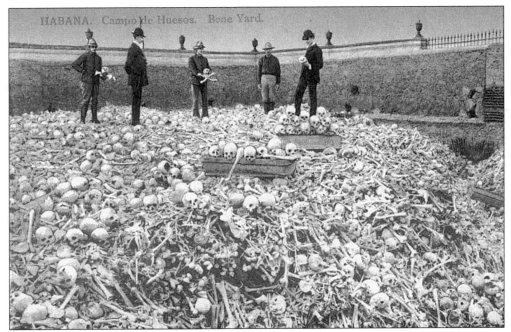

This view of a bone yard at the Colón Cemetery comes from the Spanish-American War era. (Courtesy ADEQ Historical Resources.)

Vista del osario en el Cementerio de Colón, época de la Guerra Hispanoamericana. (Cortesía de ADEQ Recursos Históricos.)

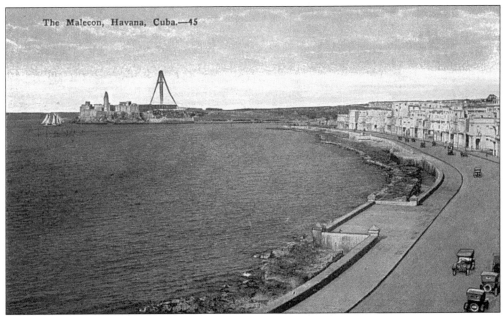

This image of "El Malecon" appeared on a 1920s postcard. (Courtesy ADEQ Historical Resources.)

Una vista de "El Malecón" en esta postal de 1920. (Cortesía de ADEQ Recursos Históricos.)

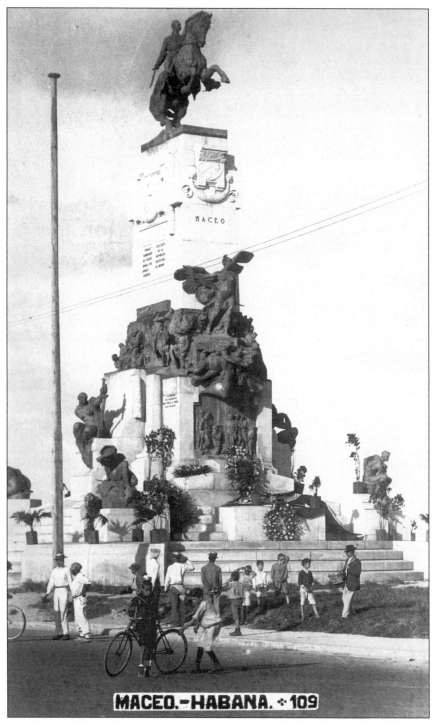

MACEO.-HABANA.✣109

A memorial was dedicated to Antonio Maceo, one of the leaders in the fight for Cuban independence. (Courtesy ADEQ Historical Resources.)

El monumento a Antonio Maceo, uno de los líderes en la lucha por la independencia cubana. (Cortesía de ADEQ Recursos Históricos.)

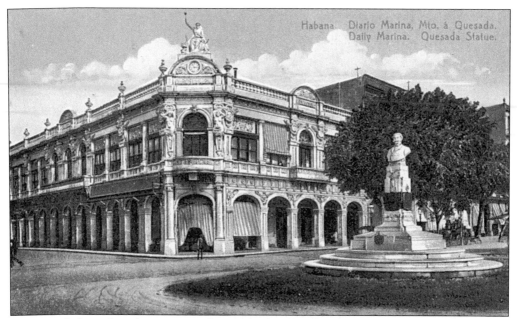

A statue dedicated to the memory of Gonzalo de Quesada, one of the leaders in the fight for Cuban independence, sits in front of the Diario Marina. (Courtesy ADEQ Historical Resources.)

Una estatua dedicada a la memoria de Gonzalo de Quesada, uno de los líderes en la lucha por la independencia cubana situada delante del edificio del Diario de la Marina. (Cortesía de ADEQ Recursos Históricos.)

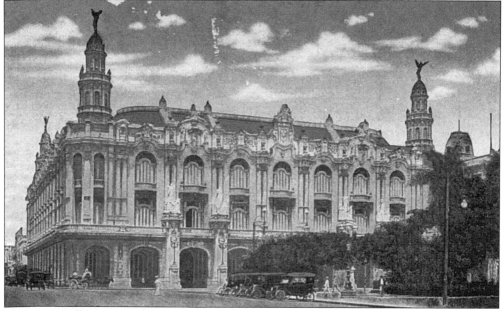

El Centro Gallego was a club for individuals originally from the province of Galicia in Spain. (Courtesy ADEQ Historical Resources.)

El Centro Gallego era un club para personas procedentes de Galicia (España). (Cortesía de ADEQ Recursos Históricos.)

ACKNOWLEDGMENTS

I would like to thank the following institutions and individuals for their assistance in the making of this book: Christine Riley, Arcadia Publishing; Dr. A.M. de Quesada, M.D.; Mr. and Mrs. Antonio Martinez-Monfort; Dr. Paul Dosal, Ph.D., president of the Circulo Cubano de Tampa; Margarita Ubieta; and ADEQ Historical Resources. My largest thanks go to El Museo del Circulo Cubano for the excellent photograph collection located within the Cuban Club building in Ybor City, Florida.

Agradecimientos

Quisiera agradecer a las personas e instituciones siguientes por su ayuda en la elaboración de este libro: Christine Riley, Publicaciones Arcadia; Dr. A.M. de Quesada, M.D.; Dr. y Sra. de Antonio Martínez-Monfort; Dr. Paul Dosal, Ph.D., Presidente del Círculo Cubano de Tampa; Margarita Ubieta; y, ADEQ Recursos Históricos. Mi más sincero agradecimiento es para el Museo del Círculo Cubano por su excelente colección de fotografías que se encuentra en el edificio del Cuban Club en Ybor City, Florida.